Printed in the United States
By Bookmasters

بسم الله الرحمن الرحيم

تجديدات
في الإدارة التربوية
في ضوء الاتجاهات المعاصرة

تجديــدات
في الإدارة التربوية
في ضوء الاتجاهات المعاصرة

الدكتور
محمد محمود الفاضل

الطبعة الأولى
2011م

المملكة الأردنية الهاشمية
رقم الإيداع لدى دائرة المكتبة الوطنية
(2010/10/3906)

371.2

الفاضل، محمد محمود.
تجديدات في الإدارة التربوية في ضوء الاتجاهات المعاصرة/محمد محمود الفاضل،
- عمان : دار ومكتبة الحامد للنشر والتوزيع، 2010 .
( ) ص .
ر. إ. : (2010/10/3906) .
الواصفات : الإدارة التربوية// التربية/
*يتحمل المؤلف كامل المسؤولية القانونية عن محتوى مصنفه ولا يعبّر هذا المصنف
عن رأي دائرة المكتبة الوطنية أو أي جهة حكومية أخرى.

❖ أعدت دائرة المكتبة الوطنية بيانات الفهرسة والتصنيف الأولية .

* (ردمك) ISBN 978-9957-32-559-6

دار الحامد للنشر والتوزيع

شفا بدران - شارع العرب مقابل جامعة العلوم التطبيقية

هاتف: 5231081 -00962   فاكس : 5235594 -00962

ص.ب . (366) الرمز البريدي : (11941) عمان – الأردن

Site : www.daralhamed.net   E-mail : info@daralhamed.net

E-mail : daralhamed@yahoo.com   E-mail : dar_alhamed@hotmail.com

المحتويات

الفصل الأول

التمكيـــن الإداري

التمكين الإداري

المقدمة:

إن سرعة إيقاعات العصر الذي نعيشه الآن والاختراعات المبتكرة والمتلاحقة تجعلنا نعتقد أن المستقبل سوف يكون مختلفا بالنسبة لجيل اليوم والغد، كما كان اليوم مختلفا عن الأمس لنا ولآبائنا. وقد يظهر عالم الغد مكانا غريبا بالنسبة لجيل اليوم ما لم نعد العدة لاستقبال مفاجأته وتحدياته، وتعد المدرسة من أهم محطات تكوين هذا الاستعداد، فهي التي يجب أن تدار بفعالية وأن يعد طلابها لكي يستطيعوا العيش والتكيف في مجتمعهم، فضلا عن مواجهة تحديات المستقبل ومنافسة الآخرين في عالم لا يعرف حدودا للإقليمية.

إن الإدارة، أيا كان نوعها، هي المسئولة عن النجاح والإخفاق الذي يحصل لمجتمع من المجتمعات، وتعكس التربية في تقدمها وتخلفها ما يدور في مؤسساتها من ممارسات إدارية. كما أن التطور التربوي وتحولاته الكبيرة ناتج من التحولات الإدارية من نمط تقليدي إلى نمط إداري حديث.

ونظرا لأهمية الإدارة التربوية في تطوير التعليم وتحديثه، فقد كان من أبرز السياسات التي تمت مناقشتها في المؤتمر الأول لوزراء التربية والتعليم العرب الذي عقد في طرابلس سنة 1998م ما يتصل بتحديث الإدارة التربوية في إطار صياغة الرؤية المستقبلية للتعليم في الوطن العربي، حيث أكد المؤتمر حاجة الأنظمة التربوية في الوطن العربي إلى إدارة تطوير لا إدارة تسيير، وعليه فإنه من الضروري وجود إدارة تربوية متجددة قادرة على قيادة عملية التجديد، وهذا يتطلب اعتماد اللامركزية في الإدارة، وتفويض السلطات الإدارية للمناطق التعليمية بشكل واسع، وإفساح قدر من الحرية للإدارات التربوية، وإطلاعها على ما يستجد في التربية. ومع ذلك نجد أن إدارات النظام التربوي، لا تزال مثقلة بالعديد من

المشكلات، فالمفاهيم الحديثة والمتطورة للإدارة والتي تنقلها من مجرد عملية تسيير روتينية للوظائف الإدارية إلى عمليات قيادة وابتكار وإبداع لم تصل إلى قلب الإدارات التربوية وجوهرها في العديد من النظم التربوية العربية (عماد الدين، 2001).

والمدرسة مؤسسة اجتماعية تقدم للأفراد خدمات تعليمية تربوية تواكب استمرار وتطور الحياة وتدعم مسيرة المجتمع الإنسانية، وتحقق للأفراد الرضا النفسي والعمل الشريف، والمدرسة بهذا المفهوم شأن اجتماعي يهم الجميع، قادة المجتمع، أولياء الأمور، المعلمين، ويكون المدير مسئولاً أمام الجميع في تنفيذ سياسة التعليم وتحقيق أهدافها. ويقصد بالإدارة المدرسية " كل نشاط منظم مقصود هادف تتحقق من ورائه الأهداف التربوية المنشودة من المدرسة، وهي بذلك ليست غاية في حد ذاتها وإنما هي وسيلة لتحقيق أهداف العملية التربوية وبذلك تهدف الإدارة المدرسية إلى تنظيم المدرسة وإرساء حركة العمل بها على أسس تمكنها من تحقيق رسالتها في تربية النشء، ويعتبر مدير المدرسة هو المسئول عن تنسيق الجهود وتنظيمها بغية الوصول إلى الأهداف التربوية المرسومة من قبل المخططين والمسئولين في الإدارة التربوية. والمدرسة الناجحة هي تلك التي يؤمن إداريوها بأهمية العمل الجماعي ونشر ثقافة الفريق الواحد، ويعملون على تنمية مهارات العمل ضمن الفريق لدى المعلمين، وبما يحقق زيادة إسهامهم في العمل ومشاركتهم في القرار وكل ذلك سيعود بفوائد كثيرة على المدرسة والمعلمين والطلبة والمجتمع بأسره .

ولقد تطور مفهوم الإدارة المدرسية مع تطور نمو وتعقد وتعدد مسؤوليات العاملين في مؤسساتها، بدء بالمدرسة ومرورا بالمؤسسات والتنظيمات الإدارية والتربوية وانتهاء بالقيادات التي توجه المدرسة. لقد كانت المرحلة الأولى لتطور الإدارة المدرسية عندما كانت الإدارة والعمل الإداري جزء من مسؤوليات المعلم الوحيد في المدرسة وكانت المرحلة الثانية عندما عين في المدرسة أكثر من معلم

واختير واحد منهم ليقوم بالعمل الإداري إضافة إلى العمل التعليمي، وكانت المرحلة الثالثة عندما عين للمدرسة مدير يتولى شؤون العمل الإداري لتنظيم عملية التعليم والتعلم فيها. واليوم أصبح عمل مدير المدرسة جزء مهما من تنظيم الإدارة المدرسية (مصطفى، 2000).

وتشهد النظم التعليمية والإدارية في معظم دول العالم سلسلة من الإصلاحات التربوية من أجل تعزيز جودة التعليم المدرسي، وقد شملت هذه الإصلاحات معظم عناصر العملية التعليمية سواء المناهج الدراسية، أو الوسائل التعليمية، أو الإدارة المدرسية. ورغم ذلك هناك تأكيدات مستمرة على أن الجودة الفعلية للتعليم تعتمد في الأساس على المعلمين الذين ينفذون كل المهام والأنشطة التعليمية في المدارس، ومن ثم أصبح المديرون موضوعا محوريا في الحركات المعاصرة للإصلاح التربوي، وتحسين المدرسة في العديد من الدول؛ انطلاقا من أن المدير هو العنصر الأساس لنجاح التعليم المدرسي والفعالية المدرسية عامة. ومنذ ذلك الحين، انصبت جهود الباحثين والمختصين على تطوير نظرية كفؤة لإدارة الموارد البشرية وفقا لمقتضيات العصر ومتطلبات التغيير. ومع مستهل العقد الأخير من القرن العشرين، تمخضت جهود الأكاديميين والإداريين عن تطوير مدخل حديث لإدارة المورد البشري ألا وهو تمكين العاملين في المؤسسات التربوية. ولا يزال الباحثون يسعون إلى بلورة هذا المدخل الإداري ووضعه في إطار مفاهيمي مناسب يصلح للتطبيق العملي ويزيد من فعاليات المؤسسات التربوية (النوري، 2006).

إن مدير المدرسة مسؤول عن تنظيم العمل الجماعي، والعمل بالمدرسة، وهو من العوامل المساعدة على تحقيق ذلك، وتمكين كل معلم بالإحساس بانتسابه لهيئة التدريس، وتوفير الثقة بين معلمي المدرسة والإدارة، وتمكين جميع العاملين بالمدرسة من إبداء آرائهم بحرية وتمكينهم من المعلومات وتوزيع الأعباء التدريسية والأنشطة اللاصفية على المعلمين وفقا لقدراتهم واستعداداتهم وظروفهم، وتمكين المعلمين بما يحقق النمو علميا ومهنيا (Griffith, 1999).

إن المدارس تعكس العالم الصغير للمجتمع، مما يستوجب أن تتفاعل الإدارة التربوية مع متطلبات العصر الجديد، والحصول على أكبر قدر من طاقة العناصر البشرية، في وقت لم تعد هناك حاجة إلى مبالغ ضخمة لتحفيز الأفراد، نظرا لوجود اعتبارات أخرى يهتم بها الأفراد مثل النمو والتقدم والنتائج والتفاعل والتمكين وغيرها (D Ambrosio, 2002).

إن العصر الذي نعيش فيه هذه الأيام، ليس له مثيل في تاريخ البشرية، فهو عصر التغيير المستمر، وعصر التطور الهائل في مجالات التقدم العلمي والتكنولوجي. هذا التطور لابد وأن يرافقه تطور مواز في الإدارة واستخدام أساليبها العلمية، حيث إن التقدم والتخلف في المجتمعات أصبحا الآن رهنا بتطور الإدارة أو تخلفها أكثر من أي عصر آخر. فالإدارة تحتل مركز القلب من حياتنا من حيث الأهمية، مثل جسم الإنسان الذي يكون القلب مركز نشاطه، فالإدارة كذلك بالنسبة للمجتمعات الإنسانية ، وهكذا فإن للإدارة دورا كبيرا في تقدم أي مجتمع، فالدول المتقدمة لم تصل إلى ما وصلت إليه من مستوى متقدم إلا بوجود إدارة متطورة وحديثة (D Ambrosio, 2002).

وبهذا يمكن اعتبار هذا العصر بحق عصر الإدارة، فاستثمار الموارد الضخمة التي بحوزة الإنسان لا يمكن أن يتم دون إدارة ناجحة. وما من نشاط أو اكتشاف أو اختراع أو خدمة أو إنتاج أو تغيير، إلا وتقف خلفه الإدارة الناجحة (صوفان، 2002).

وتحتل الجودة Quality أهمية متميزة في الفلسفة الإدارية المعاصرة في ظل التطورات الاقتصادية والسياسية والتكنولوجية التي يشهدها عالمنا الحالي، واحتدام حدة المنافسة على الأسواق والموارد بمكوناتها المتعددة سواء أكانت مادية أم موارد بشرية مما يتطلبه امتلاك رؤية وفلسفة شمولية قادرة على مواجهة التحديات البيئية الحالية والمستقبلية، وزيادة قدرتها الذاتية في التكيف والموائمة مع

المتغيرات الحاسمة في البيئة التنافسية، وأصبحت الحاجة للتغيير في أساليب العمل أكثر إلحاحا وخاصة مع بداية الألفية الجديدة. وبسبب التطورات المتسارعة في التكنولوجيا، والبنية الديمغرافية للموارد البشرية، والتأكيد المتزايد على الجودة والمرونة في إنتاج السلعة وتقديم الخدمة (البنا، 2006).

وفي عصر العولمة والانفتاح الذي يميز عالم اليوم وما يترتب على ذلك من حتمية التحول من البناء الإداري الهرمي التقليدي إلى النمط الديمقراطي التشاركي الأكثر انفتاحا ومرونة، فقد أصبح التمكين الإداري للمديرين والمعلمين موضع اهتمام ونقاش واسع من قبل مختلف الباحثين وذلك لترسيخ روح المشاركة من قبل القطاع الأكبر من قوة العمل. فطرحت العديد من الأفكار وأجريت الدراسات التي تبرز الاهتمام بالتمكين الإداري (Employeess Empowerment) فطرحت العديد من المقترحات والأفكار وأجريت الدراسات التي تبرز الاهتمام بالتمكين الإداري. ولكي تكون المؤسسات التربوية أكثر مواكبة وملائمة للظروف الراهنة، وأكثر قابلية للنمو والازدهار وتحقيقا لميزتي الكفاءة والفاعلية، وأكثر استجابة للمتغيرات العالمية، فأن المؤسسات التربوية وجدت أن بإمكانها تقليص النفقات، وتطوير دوافع العاملين، وزيادة الإنتاجية من خلال التمكين الإداري للموارد البشرية العاملة لديها (ملحم، 2006).

ويلقى التدريب لمديري المدارس اهتماما متزايدا من المنظمات المدرسية المعاصرة باعتباره الوسيلة الأفضل لإعداد وتحسين أداء الموارد البشرية من منطلق الاهتمام المتزايد بتدريب المديرين للدور الذي يلعبه هولاء القادة في خلق وتنمية قدرات المعلمين وتفعيل الاستخدام الأمثل للموارد والتقنيات المتاحة (العبيديين، 2004).

ويعود جانبا كبير من أثر التدريب غير المحسوس في شكل انجازات ونتائج، كما أن العائد على المديرين المتدربين غير واضح من حيث تحسن

الكفاءات والقدرات بسبب التعامل مع التدريب في عالمنا العربي باعتباره، عملية مستقلة بذاتها ومنقطعة الصلة بمنظومة شاملة لتكوين وتنمية وتفعيل مساهمات العنصر البشري؛ حيث نجدها تتم بشكل جزئيات منفردة غير مترابطة، لا يجمعها إطار فكري متكامل للجودة الشاملة، ولا تسترشد بتوجهات إستراتيجية مشتركة ولا يجمع بينهم فكر الفريق حيث تنعزل عمليات التدريب المؤدية إلى التمكين من استراتيجيات وفعاليات المنظمة في قطاعات التعليم المختلفة، حيث تتباعد جميعها عن معطيات نظام الأعمال العالمي الجديد، وطفرة التقنية الحديثة، بالإضافة إلى غياب المنهج الاستراتيجي والانطلاق في أنشطة دون وجود معايير الجودة الشاملة، وتوجهات إستراتيجية واضحة ترتبط بالإستراتيجيات العامة للمدرسة وإستراتيجية الموارد البشرية من جانب آخر. مما يؤثر في تكوين صلاحيات الفرد في العمل ودفعه إلى مباشرة التصرف والإبداع والابتكار وتحمل المسؤولية واتخاذ القرار؛ وهو ما يشار إليه في أدبيات الإدارة المعاصرة بمبدأ التمكين باعتباره ركنا جوهريا في البناء الإداري الإستراتيجي للمنظمة (Lawson & Harrison, 1999).

والفكرة الأساسية أن الربط Net Working هو السمة الرئيسة للإدارة المعاصرة؛ بما يتماشى والاتجاه الإداري المعاصر لتطبيق مفاهيم إدارة العمليات Process Management والتحول نحو نظم وأساليب التفكير المنظومي باستثمار رزمة Package من التقنيات الهادفة في إحداث التأثيرات المستهدفة في مستوى المدير المعرفي وقدراته، ومهاراته، واتجاهاته ودوافعه، حيث تبدأ مكونات التنمية للمديرين مرتكزة على تحليل وتطوير المورد البشري ابتداء من الاستقطاب، ثم الاختيار، الإعداد والتهيئة، والإشراف والتوجيه، وتقييم الأداء، والمساءلة والترقية، ورؤية العمل، وتخطيط الحركة لوظيفة مدير، والتنمية الذاتية، والتفويض، والتمكين. ليتحقق التلازم بين متطلبات العمل المستقبلي الذي يتم إعداد المدير لمباشرته في مرحلة تالية وبين آليات تدريبه في كل مرحلة وظيفية (ياغي، 2003).

ومع مستهل العقد الأخير من القرن العشرين، تمخضت جهود الأكاديميين والإداريين عن تطوير مدخل حديث لإدارة الموارد البشرية ألا وهو تمكين العاملين. ولا يزال الباحثون يسعون إلى بلورة هذا المدخل الإداري ووضعه في إطار مفاهيمي مناسب يصلح للتطبيق العملي ويزيد من فعاليات المؤسسات التربوية.

يعد موضوع دراسة تمكين مديري المدارس والمعلمين من الموضوعات الإدارية الحديثة التي لم تحظى حتى الآن باهتمام الدارسين والباحثين في المملكة الأردنية الهاشمية. وبالرغم من شعبية تمكين العاملين إلا أن أدبيات التمكين تنزع إلى وجه نظر شاملة فيما يتعلق بالمفهوم على انه " ملائم لجميع المؤسسات التربوية في مختلف الظروف" (Wilkinson, 1998:40). حيث تنحى تلك الأدبيات لتبنى وجه نظر -Anglo Saxon بالرغم من تزايد الاتجاه نحو عالمية الإدارة.

إن المديرين الذين يحصلون على الخدمة التدريبية يتأثرون بنتائج التدريب سلبا وإيجابا وبذا كل أصحاب العلاقة مع هؤلاء المديرين تتأثر مصالحهم وفق نتائج تدريب رؤسائهم. وتشكل معلومات المديرين كل ما يتصل بخصائصهم، أي صفاتهم النفسية والاجتماعية والثقافية وخبراتهم السابقة وميولهم وتوجيهاتهم ومستوى كفاءتهم ومشكلاتهم في العمل وتوقعاتهم الوظيفية" احتياجاتهم التدريبية". كما أشارت إلى ذلك دراسة (الطراونه، 2006، العساف، 2006).

وبالإضافة إلى المعلومات عن الواقع التنظيمي والمدخلات الضمنية عن التقنيات المتاحة وإمكانية استخدامها ومتطلبات التطبيق الفعال لتلك التقنيات وانعكاسها على المديرين بالإضافة إلى المدخلات الثقافية التي تعبر عن الثقافة التنظيمية وتقبلها للأفكار الجديدة والتي لها انعكاسات تظهر على الواقع من خلال تمكين المديرين لتطبيق ما حصلوا عليه من معارف ومهارات ومعلومات اقتصادية عن الأمور المالية والموازنات ومعايير استخدامها ومستويات العائد على الاستثمار

المتوقع. مما يؤثر في المخرجات للمؤسسات التعليمية وتقديم مخرجات تتمتع بمستويات الجودة المناسبة لاحتياجات الطلبة في شكل تغيرات سلوكية وتحسين في مستويات الأداء وتحقيق مستويات أفضل من المخرجات والقضاء على مشكلات الأداء أو التخفيف منها.(Cole, 1996)، (العبيدي، 2004).

وفي ضوء توصيات المؤتمر التربوي الثاني للتطوير التربوي في الأردن عام 1999م، تم التركيز على تعميق المؤسسية في السلوك الإداري العام، والعمل على رفع كفاءة الجهاز الإداري في المركز والميدان وتأكيد مبادئ التخطيط الشمولي والتطويري والتنفيذي وفقا للأولويات (صالح، 2001).

ويعد التمكين أساسي في توكيد الجودة في الأداء، فالتمكين وجد لإدارة الجودة الشاملة، وإدارة الجودة الشاملة تعد قرينة للتدريب؛ فالجودة والتمكين هي إرضاء للمخرج (الطالب)، وإشباع احتياجاته، فكل من إدارة الجودة الشاملة والتمكين يركزان على المخرج التعليمي ويتوجهان معا لخدمته وإرضاءه. فالمفهوم الشامل والانتقال من النظرة الضيقة إلى النظرة الموضوعية الحديثة في الفكر الإداري المعاصر، ترى الجودة والتمكين من منظور يتعدى الشكلية إلى القيمة المضافة التي يحققها كل منهما على شكل منافع للمخرج التعليمي ومن ثم للمنظمة في تحسين المخرجات مما يحقق الرضا من قبل أولياء الأمور والمجتمع المحلي للتعامل مع المدرسة باستمرار (Madsen & Hipp, 1999).

والأمر الذي أدى إلى إدراك أهمية تمكين المديرين وتوسيع قاعدة المشاركة في تطبيق إدارة الجودة الشاملة، نظرا لأهمية الدور الذي يقوم به مديرو المدارس من أجل تحقيق الأهداف التربوية، والارتفاع بمستوى التعليم لتقديم كل ما بوسعه من جهد وإبداع لإنجاز الهدف المنشود. وقد أشارت الدراسة الاستطلاعية التي أجراها الباحث عن طريق المقابلات إلى أهمية دراسة التمكين من الناحية التطبيقية.

وإن نجاح إستراتيجية التطوير الإداري يعتمـد عـلى بيئـة التنظيم وأسـلوب تنفيذها للتمكين الإداري بأبعاده المختلفة مما حذا الباحث لإجراء هذه الدراسة.

أولاً: التمكيـن:

في ظل المتغيرات المتسارعة في بيئة الأعمال والضغوط المرافقة للمنافسة العالمية تـولى المؤسسـات التربويـة الاهتمام لتبنـى المفاهيم الإداريـة الحديثة لتحقيق الميـزة التنافسية. وبالتـالي ليسـت مفاجـاءة أن تـولى المؤسسـات التربويـة اهتمامـا ملحوظـاً بمواردها البشرية عن طريق تبنى مفهوم التمكين، لما له من أثر فعال على تحسين الأداء والرضاء الوظيفي. ويهتم مفهوم التمكين بشكل رئيس عـلى إقامة وتكوين الثقـة بـين الإدارة والمعلمـين وتحفيـزهم ومشـاركتهم في اتخـاذ القرار وكسـر الحـدود الإداريـة والتنظيمية الداخلية بين الإدارة والمعلمين، أو كما يطلـق عليـة في أدبيـات الإدارة "هم" مقابل "نحن". فوزارة التربية والتعليم الأردنية تدرك أن الاهـتمام بالعنصر البشري هـو السبيل للمنافسة وتحقيق التميز.

ولا شـك أن الاهتمام بمفهـوم تمكين المدراء والمعلمـين يشـكل عنصراً أساسـياً وحاسـماً للمؤسسـات التربويـة في المملكة الأردنيـة الهاشمية خصوصـاً في ظل الاتجاه نحـو تبنـى وتطبيق المفاهيم الإداريـة الحديثـة كإدارة الجـودة الشـاملة، إعـادة هندسـة العمليات الإداريـة، والتخطيط الشامل للأداء. حيث يمثل تمكين العاملين أحد المتطلبـات الأساسية لنجاح تطبيق المفاهيم الإدارية الحديثة. وفقا لذلك فان وزارة التربية والتعليم في حاجة ماسة لتبنـى ثقافة تنظيمية وممارسـات إداريـة حديثـة تتلاءم مـع المتطلبـات والتطورات المعاصرة.

مفهوم التمكين:

يمكن تعريف التمكين لغة حسب ما ورد في أهم المراجع والمعاجم العربية وهو لسان العرب (ابن منظور، 1995)، التمكين يعني المقـدرة والاسـتطاعة. وأمـا (المعجـم الوسيط، 2001)، فإن (مكن) له في الشيء أي جعل له عليه سلطاناً،

و(أمكنه) من الشيء أي جعل له عليه سلطانا وقدرة وسهل ويسر عليه. وورد تعريف مفصل ومطول لكلمة التمكين ومشتقاتها في معجم (محيط المحيط، 1997)، حيث أن (مكّن) الشيء أي قوى ومتّن ورسخ، استمكن من الأمر أي قدر واستطاع عليه. والتمكين في اللغة الإنجليزية كما يظهر في عدد من القواميس غالبا ما يتم ربطه بمفهوم التفويض، حيث يكون التعريف المقابل للكلمة (Empower: to give someone official authority or the freedom to do something) كما أن بعض القواميس تذكر أن لهذه الكلمة عددا من المرادفات وأنها تشير إلى أكثر من معنى.

تعريف التمكين اصطلاحا:

ظهرت تعريفات قليلة لمفهوم التمكين الإداري من قبل الباحثين والمتخصصين في علوم الإدارة، عكست في معظمها أهمية هذا المفهوم ودوره في الحياة الإنسانية والمكونات أو العناصر الأساسية للتمكين الإداري.

فعرفه (أفندي، 2003) التمكين الإداري بأنه: عملية إعطاء المديرين سلطة أوسع في ممارسة الرقابة، وتحمل المسؤولية، وفي استخدام قدراتهم، من خلال تشجيعهم على استخدام القرار.

وكما يعرفه جوش وستانلي (Goetsch, & Stanley, 2000) بأنه: "القرار الذي يزود الموظفين بالسلطة، والمعرفة، والمصادر لتحقيق الأهداف".

وعرف ميرل ومردث (Murrel, & Meredith, 2000) التمكين بأنه: تمكين شخص ما عند توليه القيام بمسؤوليات وسلطة أكبر من خلال التدريب، والثقة، والدعم العاطفي.

وعرفه فكس (Fox, 1998) أنه "عملية من خلالها يتم خلق بيئة للتمكين من مشاركة المعلومات وتطوير المقدرات وتقديم الموارد والدعم".

وعرفه جـاري وأندرسـون(Gary &Anderson, 1998)، " بأنـه: الطريقـة التـي يتم بها تزويد المديرين بالمهارات التي تؤهلهم للاستقلالية في اتخاذ القرارات، وكذلك تزويدهم بالسلطة والمسؤولية والمحاسبة، ليجعل هـذه القرارات، مقبولة ضـمن بيئة المؤسسات التربوية".

وعرف إتوري، (Ettorre, 1997) التمكين الإداري بأنه : "منح المديرين القدرة، والاستقلالية في صنع القرارات، وإمكانيـة التصـرف كشـركاء في العمل مـع التركيز عـلى المستويات الإدارية الدنيا. والتمكين لا يعني فقط تفويض العاملين صلاحيات صنع القرار، ولكنه وضع الأهداف والسماح للعاملين بالمشاركة".

ويعرف روبنـز (Robbins,1993) التمكين الإداري بأنه:" الطريقـة التـي مـن شأنها زيادة دافعية العمل الفعلية والجوهرية لدى العاملين".

وعرفه شارما (Sharma,1996)، بأنه:" فلسـفة، واتجـاه، وطريقـة تفكـير لـدعم إدارة الجودة الشاملة".

بينما عرفه شاكلوتر(Shackletor, 1995) التمكين بأنه" فلسفة إعطاء الأفراد في المستويات الإدارية الدنيا مزيدا من المسؤوليات وسلطة اتخاذ القرار بدرجة أكبر".

وعرفه عبد الوهاب، (2000) بأنه: منهج لإدارة الأفـراد يسـمح لأعضـاء الفريـق بأن يمارسوا صنع القرار فيما يتعلق بشؤونهم اليومية في العمل.

ويعرفـه هـواري، (2000) بأنـه إعطـاء الأفـراد ميزانيـات وأمـوال ومـوارد، وإعطاؤهم سلطات في حل المشاكل وتنفيذ الحلول دون الرجوع الى المستويات الإدارية العليا.

كما عرفه فتحـي، (2003) بأنـه: التمكين للمرؤوسـين تشـجيعهم لينهمكـوا في العمل أكثر ويشاركوا في اتخاذ قرارات ونشاطات تؤثر على أداءهم للوظيفة".

مـن خـلال التعريفـات السـابقة يمكـن القـول : بـأن تمكيـن المـديرين يتسـم بالخصائص التالية:

1- يحقق التمكين زيادة النفوذ الفعال للأفراد وفرق العمل بإعطائهم المزيد من الحرية لإدارة مدارسهم والمعلمين حرية الأداء لمهامهم.

2- يركز التمكين على القدرات الفعليـة للمـديرين والمعلمـين في حـل مشـاكل العمل والأزمات.

3- يستهدف تمكين المديرين والمعلمين استغلال الكفـاءة التي تكمـن داخـل الأفراد استغلالا كاملا.

4- يجعل التمكين مديري المدارس أقل اعتماد عـلى الإدارة الوسـطى في إدارة نشاطهم ويعطيهم السلطات الكافية في مجال عملهم.

5- يجعل التمكين المديرين مسئولين عن نتائج أعمالهم وقراراتهم.

ويرى الباحث أن التعريفات السابقة تتضمن عناصر تمكينية تتعلق بالتنظيم كالمشاركة في القوة وخلق الجرأة في المبادأة وحل المشاكل، وتشكيل فرق العمل، وتفعيل نظام الاتصال، ومرونة الهيكل التنظيمي للمؤسسات التربوية. ويتضح من التعريفات السابقة أيضا أن هناك قاسما مشتركا بين التعريفات السابقة الذكر، فكلها تؤكد أهمية منح السلطة للأفراد، وأهمية المديرين في المستويات الدنيا في اتخاذ القرارات، وضرورة تزويدهم بالمعلومات من خلال التدريب والتطوير. و كذلك من خلال التعريفات السابقة يمكننا أن نحدد الأسس والمرتكزات التي تركز عليها عملية التمكين الإداري في عملية الإدارة وهي:

1- تفويض السلطات والمسؤوليات للمديرين لاتخاذ القرارات.

2- مشاركة المديرين في رؤية الإدارة العليا واتخاذ القرارات.

3- وجود نظام معلومات وقواعد للعمل.

4- تدعيم الإحساس بالشعور والأمان للمديرين في الإدارة الدنيا.

وأخيرا يمكن تعريف **التمكين الإداري** هو منح مديري المدارس حرية واسعة داخل وزارة التربية والتعليم الأردنية في اتخاذ القرارات، من خلال توسيع نطاق تفويض السلطة، وزيادة المشاركة والتحفيز الذاتي، وتأكيد أهمية العمل الجماعي، وتطوير شخصية العاملين، وتنمية السلوك الإبداعي، وتوفير البيئة المناسبة لتفعيله في المؤسسات التربوية الأردنية.

التمكين في التراث الإسلامي:

التمكين كسلوك إداري عملية قديمة، وقد بين القران الكريم كيف كان سيدنا يوسف عليه السلام مكينا عند عزيز مصر الذي منحه صلاحيات تجارية ومالية واسعة، قال تعالى" **كذلك مكنّا ليوسف في الأرض يتبوّأ منها حيث يشاء نصيب برحمتنا من نشاء ولا نضيع أجر المحسنين۞ ولأجر الآخرة خير للذين آمنوا وكانوا يتقون**" ۞ وفي سورة الحج حيث يقول تعالى:" **اللذين إن مكّنّاهم في الأرض أقاموا الصلاة وآتوا الزكاة وأمروا بالمعروف ونهوا عن المنكر ولله عاقبة الأمور۞** وفي الحديث النبوي الشريف يقول الرسول عليه الصلاة والسلام:"المؤمنون تتكافأ دماؤهم وهم يد على من سواهم، ويسعى بذمتهم أدناهم". والمراد من الجملة " ويسعى بذمتهم أدناهم". هو أن أقلهم منزلة يستطيع أن يقطع عهدا يلزم البقية بتنفيذه (السيوطي، ج8، ص19).

ويرى الباحث أن هذا التفويض صريح للمؤمن يخوله صلاحية التصرف فيما يتوافق مع كتاب الله وسنة نبيه ويكون فيه مصلحة عامة للمؤمنين.

وفي الحديث النبوي الشريف: أنّ رسول الله صلى الله عليه وسلم لمّا أراد أن يبعث معاذ ابن جبل الى اليمن، قال كيف تقضي، قال: أقضي بما في كتاب الله، قال: فإن لم يكن في كتاب الله، قال: فبسنّة رسول الله صلى الله عليه وسلم، قال: فإن لم يكن في سنة رسول الله صلى الله عليه وسلم قال: أجتهد رأيي، فقال الحمد لله الذي وفق رسولَ رسُولِ الله صلى الله عليه وسلم (المالكي، 1995، ج6، ص68).

وتأتي شهادة الرسول عليه الصلاة والسلام لمعاذ بن جبل لأنه أثبت من خلال خبراته العملية قدرته على الاجتهاد واستنباط الأحكام الفقهية، والقضائية من الكتاب والسنة كمرجعية اساسية لاجتهاد المسلم وسلوكه. وتتمثل المرجعية الاجتهادية والسلوكية لغير المسلم بتعاليم دينه وثقافة المجتمع وعاداته وتقاليده والأنظمة المعمول بها في مكان عمله. وتلتقي الأديان والثقافات جميعها عند قواسم ثقافية وأخلاقية مشتركة كالصدق والأمانة والالتزام بالتعليمات والاخلاص في العمل وغيرها الكثير، مما يضفي عليها صفة العالمية (أبو شيخة، وعبدالله، ص29).

مما سبق إن المديرين قادرون على ابتكار أساليب إدارية وطرائق عمل أكثر فاعلية عندما يحتكمون الى ثوابت ثقافية مشتركة ويمتلكون المعلومات والمهارات اللازمة لذلك.

التمكين في الأدب الإداري المعاصر:

التمكين الإداري: Administrative Empowerment

ظهر مفهوم التمكين في نهاية الثمانينيات، ولاقى شيوعا ورواجا في فترة التسعينيات وهذا ناتج عن زيادة التركيز على العنصر البشري داخل المؤسسات التربوية أيا كان نوعها، ويتبلور هذا المفهوم نتيجة للتطور في الفكر الإداري الحديث، خصوصا في مجال التحول من منظمة التحكم والأوامر إلى المنظمة الممكنة، ويترتب على ذلك من تغيرات في بيئة المنظمة. وهنالك تحولات في المفاهيم الإدارية أثرت في منظمات القرن الواحد والعشرين، في سباقها نحو التميز، ونحو تحقيق الميزة التنافسية، وهذا السباق لا يكاد يستثني منظمة واحدة. فالمنظمات تتأثر بهذه التحولات وبهذا السباق نحو تطبيق مفاهيم، وتبني تطورات مثل التحول إلى المنظمة المتعلمة، ومنظمة المعرفة والتمكين الإداري، وبرنامج إدارة الجودة الشاملة، وغيرها من تطورات في المفاهيم الإدارية التي لم تعد مجرد مصطلحات

أكاديمية، بل أصبحت ممارسات إدارية في المنظمات التي تسعى للتنمية والتجديد والتميز(بطاح، 2006).

واستخدم التمكين كمدخل إداري منذ بداية العقد الاخير من القرن العشرين الماضي. وبالرغم من كثرة الأبحاث التي تهدف لوضع التمكين في اطار مفاهيمي موحد قابل للتطبيق العلمي، إلا أننا نجد تباينا في مدخلات التمكين ومخرجاته بين فئة المؤيدين يعود سببه الى تباين البيئات والثقافات والمستويات التعليمية والخبرات العملية لهذه الفئة (خطاب، 2001). وأما العبيديين (2001)، فتعزو التباين في ذلك الى اختلاف المعيار الذي يتم اعتماده لتحديد مفهوم التمكين، وذكرت ثلاثة معايير:

1- معايير العملية الإدارية: ينظر مستخدمو هذا المعيار للتمكين على أنه عملية إدارية تتضمن مدخلاتها تفويض العاملين صلاحيات اتخاذ القرار وتهيئة الظروف المواتية لتطبيق تلك القرارات، ويكون المديرون المُكناء القادرون على تحمل المسؤولية وتحقيق الأهداف بفاعلية نِتاجا لهذه العملية.

2- معيار الهدفيّة: تمثل عملية التمكين في هذا المعيار المدخلات، في حين يشكل المعلمون القادرون على إرضاء متلقي الخدمة (الطلاب) نتاجا لهذه العملية. وقد أخذت هذه الدراسة الحالية بهذا المعيار، حيث يشكل التمكين الإداري لدى مديري المدارس المتغير المستقل، وتطبيق مبادئ إدارة الجودة الشاملة في مدارس إقليم شمال الأردن المتغير التابع والتي تتزايد كلما تزايد رضا متلقي الخدمة (الطلاب) عن جودة المخرج.

3- معيار القيميّة: تتمثل المدخلات في هذا المعيار بمنح المديرين حرية التصرف وتوفير بيئة عمل مساندة لهم، وقيادة ملتزمة تشاركهم في المعلومات واتخاذ القرار.

التمكين والتفويض:

أما فيما يتعلق بمفهومي التمكين والتفويض فيختلف التمكين عن التفويض، فالتمكين أكثر ثراءً من التفويض، ففي التفويض تجد المستوى الأعلى يفوض المستوى الأدنى في جزئية محددة، ولا يتيح له قدرا يسيرا من المعلومات لا تكاد تساعد على تنفيذ المهمة، وتكون المسؤولية عن النتائج منوطة بالمفوض وليس بالمفوض إليه، أما في التمكين فتتاح للمستوى الأدنى صلاحيات أوسع للمبادأة في نطاق متفق عليه، وتكون المعلومات مشاعا" بين الإدارة والعاملين عدا المعلومات الإستراتيجية التي تحتم مقتضيات موضوعية أن تبقى سرية، وتقع مسؤولية النتائج على الموظف المعني، فإن كانت ايجابية فالحوافز له، وان كانت سلبية فالغرم عليه، حتى يتعلم ولا يكرر الخطأ (Nicholls, 1995).

وهنا لابد من الإشارة إلى أنه في موضوع التمكين نجد فرقا كبيرا بين هذا المفهوم ومفهوم التفويض، وهناك خلط كبير بينهما. فالمقصود بالتفويض(Delegation) إسناد مهام لأشخاص ومحاسبتهم عليها من جانب الإدارة العليا حيث تضع الإدارة نقطة متابعة ومراقبة. وقارن شاكلوتر (Shackletor, 1995) بين التمكين والتفويض. فالتفويض يكون عندما يقرر المدير أن يحول بعض صلاحياته لشخص آخر لأسباب محددة، كالمساعدة في تطوير المرؤوسين، أو تفويض الأعمال ذات المخاطر المنخفضة على سبيل المثال. أما التمكين فيعني توسيع المسؤوليات المتعلقة بالمهام الحالية دون الحاجة لتغييرها.

موجبات التمكين الإداري:

يلقى التمكين في الوقت الحالي قبولا من قبل كل من المديرين والعاملين، وذلك نظرا لأهميته للفرد والمؤسسة التربوية. فالعاملون يستحسنون التمكين نظرا للأسباب التالية:

1- تنامي رغبة المديرين في الاستقلالية واتخاذ القرارات الخاصة بمدارسهم، وخاصة بعد ازدياد ثقتهم بمهاراتهم وقدراتهم في استخدام التكنولوجيا المتقدمة (العميان، 2002).

2- تنامي رغبة المديرين في الإدارات العليا للمؤسسات التربوية لتفويض مرؤوسيهم بعضا من صلاحياتهم نظرا لعدم كفاية وقتهم للقيام بكافة الأعمال المطلوبة منهم، فهم يثقون بقدرات الإدارات الوسطى وخاصة عندما يتمتعون بمستوى عالي من التعليم والثقافة المشتركة والمهارات الفنية (French &Wendell, 1990).

3- تزايد قدرات المدرين على الابتكار.ويبين (Ghoshal, & Bartlett, 1997) بأن نجاح مؤسسة اليوم يعزى للمديرين.

وتظهر أهمية التمكين للمؤسسات التربوية كما أوردها (Argyris, 1998) نظرا للأسباب التالية:

1- التركيز على معيار القدرة التنافسية لقياس أداء المؤسسات التربوية ضمن معياري الكفاءة والفعالية.

2- ضرورة إدارة الوقت واستغلاله بشكل فعال، ويعد تفويض المديرين صلاحية اتخاذ القرار أحد أوجه هذا الاستغلال.

3- التزام المديرين بتحقيق الأهداف التي يقومون بوضعها، وكفاءتهم في تنفيذ المهام التي يشاركون بتخطيطها.

4- تغير الفلسفة الهيكلية للمؤسسات التربوية: من أسلوب العمل والقرار الفردي إلى فرق العمل والقرار الجماعي، ومن المركزية إلى اللامركزية، ومن المؤسسة العمودية إلى المؤسسات التربوية الأفقية.

5- ثورة الاتصالات وتكنولوجيا المعلومات وتسخير الابتكارات التي رافقتها لأداء وظائف المؤسسات التربوية بكل كفاءة واقتدار.

فوائد التمكين الإداري:

يعد التمكين من أهم ضمانات استمرار المنظمة، فهو يسهم في رفع معنويات ورضا العاملين، إذ يشعرون بإتاحة الفرصة لإظهار قدراتهم، كما يستمتعون بتقدير الإدارة العليا وثقتها بهم، هذا الرضا الذي يسهم مع حرية التصرف المكفولة في إثراء التفكير الإبداعي والسعي لتحسين الأداء، كما أن التمكين يؤدي لسرعة معالجة شكاوي واقتراحات ومشكلات الطلاب والمجتمع المحلي، وهو عامل أساسي لنجاح المؤسسات التربوية واستمرارها، فاعلة وناجحة لاسيما وقد أصبحت المؤسسات التربوية الحكومية في بيئة تنافسية متصاعدة مع المؤسسات التربوية الخاصة (Wilkinson, 1998).

وتظهر فوائد التمكين من خلال اتجاهاته التي حددها (Conunger, & Kanungo, 1998) وهناك اتجاهان عامان للتمكين الإداري في بيئة العمل هما:

1- الاتجاه الاتصالي يتم من أعلى إلى أسفل. عندما تشارك المستويات العليا في الهيكل التنظيمي المستويات الدنيا في السلطة، وبالتالي يتضمن التمكين ممارسات كإثراء الوظيفة واستقلالية فريق العمل وفريق الإدارة للمؤسسة التربوية.

2- الاتجاه التحفيزي: يركز الاتجاه التحفيزي على اتجاه المديرين نحو التمكين، الذي تظهر فيه الكفاية الإدارية والقدرة على إدارة المهام، والشعور بالقدرة على التأثير في العمل، وحرية الاختيار في كيفية أداء المهام، والشعور بمعنى العمل.

ويتضمن التمكين الإداري فعالية الأداء، وكذلك فعالية إدارة الموارد البشرية واستغلالها على أفضل وجه، كما يؤدي إلى جعل العمل أكثر قيمة ومعنى وأكثر تحفيزا ومن أهم فوائد التمكين الإداري ما طرحها (ملحم، 2006):

1- تحسين نوعية الخدمة التي تقدمها المؤسسات التربوية للمجتمع وجودتها.

2- ضمان فعاليات المؤسسات التربوية واستمرارها في خدمة المجتمع.

3- الانفتاح المباشر والثقة بين الإدارة والمعلمين والطلاب، من خلال الاستفادة من توجيهات أولياء أمور الطلبة والمجتمع المحلي حـول جودة التعليـم أو الخدمة المقدمة.

4- زيادة فاعلية الاتصالات وإيجاد العلاقة المتينة بين أطراف العملية التربوية من خلال نمط الاتصال الفعال.

5- تحسين دافعية المعلمين وتمكينهم من تنفيذ الأعمال الموكولة إليهم.

6- تمكين المديريـن من تحديد المعلمـين الموهـوبين والمتميـزين وتمكيـنهم مـن تكريس المزيد من الوقت للشؤون الإدارية.

7- يعزز التمكين الإداري الشعور الايجابي لدى المديرين ويزودهم بالإحساس بالتوازن الشخصي والمهني، ويمنحهم الفرصة لممارسـة التمارين الذهنيـة لإيجاد البدائل والطرائق الفاعلة لتنفيذ أعمالهم، كما يعزز الرضا الـوظيفي لديهم.(Fragoso, 2000).

وسائل ومبادئ التمكين الإداري:

يقترح روبنز (Robbins, 1993) على إدارات المؤسسات التربوية المبادرة باتخاذ إجراءات معينة وهي المبينة في الجدول رقم(1) والتي تؤدي إلى إحداث آثار إيجابية لدى المعلمين. والأبعاد الأربعة للتمكين الإداري وهي:

1- بعد الأثر Impact : ويتعلق بتطوير العمل الإداري والتقدم في الأداء ويعني أن مهمة المدير تكون ذات أثر ايجابي في التمكين إذا تولد لديه فهم وقناعة بأن من شانها إحداث تغيير في وضعه الوظيفي وفيما يتعلق بإنجازه لمهامه.

2- بعد المنافسة Competence: تمكين المدير من أداء نشاطاته الوظيفية بمهارة مما يؤثر في وضعه التنافسي ووضع وكفاءة أداء المنظمة، كما يؤثر إيجابا في التمكين الإداري.

3- بعد معنى العمل Meaningfulness : يعني كفاءة المدير في العمل حيث ينظر المدير إلى عمله على أنه مهم وذو قيمة، مما يؤدي إلى خلق معنى لعمله ويعزز التمكين الإداري.

4- بعد الخيار Choice: إذا أمكن المدير من تحديد الطريقة التي تناسبه في إنجاز المهام واختيارها وكانت لديه المقدرة الذاتية على تحديد تلك الطريقة. وفيما يلي جدولا يتضمن مجموعة من الأعمال ينصح الإدارة باستخدامها للتوصل إلى التمكين الإداري.

الجدول رقم (1)
الإجراءات التي تؤدي إلى تمكين المديرين

	أبعاد التمكين الأربعة			
بعد الخيار	بعد معنى العمل	بعد المنافسة	بعد الأثر	الإجراءات
*				تفويض الصلاحيات
*				تفعيل المشاركة في القرارات
*		*		تشجيع الإدارة الذاتية
*	*		*	إثراء العمل
*	*		*	تطبيق إدارة عمل الفريق
			*	إيجاد المهام التي تؤدي إلى التغذية الراجعة
	*			بيان قاعدة تقييم الأداء الصاعد
*	*		*	تخفيض الصبغة الرسمية في العمل
*	*		*	إيجاد الثقافة الداعمة للمديرين
			*	تشجيع عملية وضع الأهداف
		*		تدريب وتعليم المديرين

كما هو مبين بالجدول (1)، يتضح وجود ارتباط عملي بين الإجراء المستخدم من قبل الإدارة وأبعاد التمكين الأربعة المذكورة ، ويركز روبنز(Robbins) على التفويض، ويرى أنه يجب أن يكون أكثر فاعلية في حال التمكين الفعلي للمديرين. ويرى أن إثراء العمل مبني على الأبعاد الأربعة وهو عامل مهم في التمكن الإداري، ويؤكد أن الثقافة الداعمة للمديرين تعتبر وسيلة فعالة من وسائل التمكين الإداري، ويرى أنه من الضروري تدريب وتأهيل المديرين على تسهيل الإجراءات الخاصة بالتمكين الإداري.

أساسيات التمكين الإداري:

يذكر ستر (Stirr, 2003)، إن أساسيات التمكين الإداري تتكون من سبعة مبادئ مستمدة من الأحرف الأولى لكلمة Empower حيث يمثل كل حرف من هذه الكلمة مبدأ من المبادئ السبعة:

1- تعليم المديرين Education: حيث ينبغي تدريب وتعليم كل مدير في المؤسسات التربوية لأن التدريب والتعليم يؤدي إلى نجاح التمكين الإداري.

2- الدافعية Motivation : على الإدارة في المؤسسات التربوية أن تخطط لكيفية تشجيع المرؤوسين لتقبل فكرة التمكين الإداري ولبيان دورهم الحيوي في نجاح المؤسسات من خلال برنامج التوجيه والتوعية، وبناء فرق العمل المختلفة، واعتماد سياسة الأبواب المفتوحة للمديرين في المستويات الدنيا من قبل الإدارة العليا.

3- وضوح الهدف Purpose : إن جهود التمكين الإداري لن يكتب لها النجاح ما لم يكن لدى كل فرد في المؤسسة التربوية الفهم الواضح والتصور التام لفلسفة التربية وأهدافها. إن صلب عملية التمكن الإداري هي الاستخدام المخطط والموجه للإمكانيات الإبداعية للإفراد لتحقيق أهداف التربية والتعليم.

4- Ownership: يقترح ستر(2003) معادلة للتمكن الإداري تتكون من ثلاثة أحرف يسميها (3 As) تمثل الأحرف الأولى لعناصر المعادلة وهي:

السلطة + المساءلة = الإنجاز = Authority + Accountability

Achievement، ولتحقيق الإنجاز فإن على الإدارة والعاملين فيها قبول المسؤولية عن أفعالهم وقراراتهم. والمسؤولية يمكن أن تكون ممتعة للعاملين خاصة إذا تم تشجيعهم على تقديم أفكارهم للإدارة العليا وكان مسموحا لهم ممارسة سلطاتهم على أعمالهم.

5- الرغبة في التغيير Willingness to change: إن نتائج التمكين الإداري تقود المؤسسات التربوية إلى الطرق الحديثة في أداء مهامها. وإن البحث عن طرق عمل جديدة وناجحة أصبح الحقيقة اليومية. وما لم تشجع الإدارة العليا والوسطى التغيير فان وسائل الأداء ستؤدي إلى الفشل.

6- نكران الذات Ego Elimination: تقوم الإدارة في بعض الأحيان بإفشال برنامج التمكين الإداري قبل البدء بتنفيذها. كما يتصف بعض المديرين بحب الذات وإتباع النمط الإداري القديم المتمثل بالسيطرة والسلطة وينظرون إلى التمكين الإداري على انه تحد لهم، وليس طريقا لتحسين مستوى التنافسية للمؤسسة التربوية، أو فرصة لنموهم شخصيا كمديرين وكموجهين.

7- الاحترام Respect: إن دم الحياة للتمكن الإداري هو الاعتقاد بأن كل عضو في المؤسسة التربوية قادر على المساهمة فيها من خلال تطوير عمله والإبداع فيها، وما لم يشكل احترام العاملين فلسفة المؤسسة التربوية، فإن عملية التمكين الإداري لن تقدم النتائج العليا المرجوة. والاحترام يؤدي إلى إفشال كافة جهود التمكين الإداري.

بيئة التمكين الإداري:

يعتمد نجاح استراتيجيات التمكين الإداري على بيئة المؤسسات التربوية وأسلوب تنفيذها لعملية التمكين. فإذا تم إدارة بيئة المؤسسة وأسلوب تنفيذ التمكين بقدرة وفاعلية فإن التمكين سيعزز تحسين المخرجات التعليمية، وجودتها وتقليل التكاليف، وتحقيق المرونة في إدارة المؤسسات التربوية، ورفع مستوى الرضا الوظيفي للمديرين والمعلمين (Hardy, 1998).

أما الإدارة السيئة لاستراتيجيات التمكين فإنها تزعزع الثقة داخل المؤسسات التربوية، والذي بدوره يؤدي إلى سخرية المعلمين من مبادرة الإدارة، وبالتالي، لا يمكننا النظر إلى عملية تنفيذ التمكين بمعزل عن البيئة الداخلية للمؤسسات التربوية (Robinson, 1997).

ويؤكد مالاك وكورستد (Mallak & Crusted, 1996) على ارتباط مستوى التمكين بقوة ثقافة المؤسسات التربوية. وإن مفهوم التمكين دفع الإدارة بالمشاركة خطوة إلى الأمام أبعد لأنها تتطلب أن يندمج الفرد في ثقافة المؤسسة التربوية ويتخذ قرارا تتميز بالاستقلالية. ويتفاوت مستوى التمكن من مؤسسة إلى أخرى ويعتمد على مدى تشجيع وتسهيل ثقافة المؤسسة وبنائها التنظيمي لعملية التمكين. ويؤيد فوستر(Foster, 1995) ذلك حيث يؤكد أنه ما لم تكن ثقافة المؤسسات التربوية ملائمة، فان جهود التمكين سيحكم عليها بالفشل. ويجب أن تكون الإدارة على استعداد للسماح بزيادة تحكم المعلمين بعملهم، والسماح لهم كذلك للوصول بشكل أكبر لمصادر التعلم (الوقت، التكنولوجيا، الدعم المادي،...) وتملكهم لصلاحيات اختيار أسلوب العمل.

إن مبادرات التغيير يرجح لها النجاح وبشكل كبير عندما تتلاءم والثقافة التنظيمية السائدة في المؤسسات لتربوية، وبالتالي، فان مبادرة التغيير يرجح أن يكتب لها النجاح بشكل أكبر عندما تتغير ثقافة المؤسسة التربوية لخلق الظروف

المناسبة للتمكين. وتلك الظروف يمكن أن تتضمن اتجاهـات وسـلوكات الأفراد وكذلك الممارسات الحالية للمؤسسات التربوية (Schein, 1995).

التمكين الإداري والتحفيز:

يعد تمكين المديرين والعاملين في المؤسسات التربوية امتدادا للتحفيز، ويقع كـل منهما ضمن المسيرة التطويرية للمؤسسات كما هو في الشكل التالي:

شكل رقم (2)

مشاركة المديرين في اتخاذ القرار منذ تجارب هوثورن إلى الآن

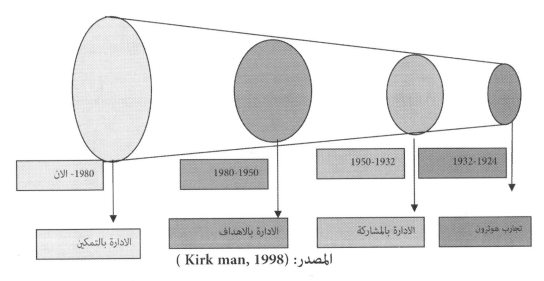

المصدر: (Kirk man, 1998)

وقد ظهرت عدة فلسفات ونماذج للتمكين الإداري التـي يمكـن أن تسـاعد علـى تحليل وفهم مفهوم التمكين، ومنها:

النموذج التحفيزي:

يـرى كـونجر وكـانجو(Conger & Kanungo, 1988) في هـذا النمـوذج أن التمكين مفهوم تحفيزي للفاعلية الذاتية. فهو عملية لتعزيز الشعور بالفاعلية

الذاتيـة للمـديرين والمعلمـين، للتغلـب علـى الظـروف التـي تعـزز الشـعور والضعف والعمل على إزالتها، بواسطة الممارسـات التنظيميـة الرسـمية، والوسـائل غـير الرسـمية التـي تعتمـد على تقديم المعلومـات عـن الفاعليـة الذاتيـة. وإن التمكـين مماثـل لمفهوم القوة حيث يمكن النظر له من زاويتين. أولا: يمكن النظر للتمكين كمركب اتصالي – فهو يدل ضمنا على تفويض القوة. ويمكن النظر للتمكين أيضا كمركب تحفيـزي، وقـد حدد هذا النموذج خمس مراحل لعملية التمكين، وتتضمن:

المرحلة الأولى: تشخيص الظروف داخل المؤسسة التـي تسبب الشعور بفقدان القوة بين العاملين. ويمكن تصنيف هذه العناصر إلى عوامل تنظيمية كالتغيرات التنظيميـة الرئيسية، المناخ البيروقراطي، الضغوط النفسية، ضعف نظام الاتصالات، المركزية العالية، أما عناصر أسلوب الإشراف نظام المكافآت فتشمل التسلط ، ضعف قيم التحفيز، وغياب الإبداع. وتشمل عناصر تصميم العمل غياب وضوح الدور، وضعف وغياب التدريب والدعم الفني، محدودية الاتصال بين القيادات الإدارية والعاملين، والروتين الشديد في العمل، وضعف التنوع في العمل.

المرحلة الثانية: استخدام أساليب إدارية مثل الإدارة بالمشاركة ومتطلباتها كتحديد الهدف، إثراء الوظيفة، والمكافآت المرتبطة بالأداء. ويجب أن يكون الهدف من استخدام تلك الاستراتيجيات ليس فقط لإزالة الظروف والعوامل الخارجية المسببة لشعور العاملين بل يجب استخدامها أيضا وبشكل رئيسي في تزويد المرؤوسين بمعلومات عن فعاليتهم الذاتية.

المرحلة الثالثة: تقديم معلومات عن الفاعلية الذاتية للمعلمين وذلك باستخدام مصدرين: العمل المنجز، الاستثارة العاطفية.

المرحلة الرابعة: نتيجة لاستقبال المرؤوسين لتلك المعلومات سيشعر المرؤوسون بالتمكين من خلال الزيادة في الجهد المبذول، وتوقعات الأداء، والاعتقاد بفعاليته الذاتية.

المرحلة الخامسة: التغيير في السلوك من خلال إصرار ومبادأة المرؤوسين لإنجاز أهداف المهمة المعطاة.

النموذج (الإدراكي) لـ**(Thomas & Velthouse, 1990)**:

استعمل هذا النموذج نموذج كونجر وكانجو(Conger & Kanungo, 1988) فبنى نموذج التمكين الإدراكي(Cognitive). ويرى فيه أن التمكين هو زيادة في تحفيز المهام الداخلية التي " تتضمن الظروف العامة للفرد التي تعود بصفة مباشرة للمهمة التي يقوم بها والتي بدورها تنتج الرضا والتحفيز". وأن التمكين يجب أن يبدأ من الذات ونظام المعتقدات ويتضمن نظام المعتقدات كيفية النظرة للعالم الخارجي ومفهوم الذات الذي يشجع السلوكات الهادفة، وربطها مع أهداف ومنهجيات التمكين التي تطبق في المؤسسة. وحدد هذا النموذج أربعة أبعاد نفسية للتمكين والتي تؤدي إلى إحداث آثار ايجابية لدى المديرين والمعلمين.

خطوات التمكين الإداري:

إن المؤسسات التربوية التي تفكر في تنفيذ برنامج لتمكين المديرين والمعلمين تحتاج إلى تفهم التمكين وتبنيه. وتمكين المديرين والمعلمين عملية يجب أن تنفذ على مراحل. وحدد بوين ولولر (Bowen & Lawler, 1995) ثلاثة مراحل للتمكين الإداري في المؤسسات التربوية تتراوح بين التوجه للتحكم، والتوجه للاندماج. وأوضح كودرون (Caudron, 1995) أن الأسلوب التدريجي أفضل الطرائق لتمكين فرق العمل. فالمسؤوليات للإدارة الذاتية واتخاذ القرار يجب أن تعهد للموظفين بعد التأكد من حسن إعدادهم. وأوصى فورد وفوتلر(Ford & Fottler, 1995) بالتنفيذ التدريجي لتمكين العاملين، فالأسلوب التدريجي يركز أولا على محتوى الوظيفة ومن ثم يتم لاحقا إشراك الموظفين الممكنين في اتخاذ القرارات المتعلقة ببيئة الوظيفة. ومستوى ارتياح المديرين للتخلي عن السلطة. ويقترح الخطوات التالية لتنفيذ عملية تمكين العاملين:

الخطوة الأولى: الحاجة للتغيير:

هي إحدى التحديات الهائلة التي يجب أن يتغلب عليها المديرون لإيجاد بيئة عمل ممكنة تتصل بتعلم كيفية التخلي قبل المضي- قدما وبشكل جدي تتصل بتعلم كيفية التخلي قبل المضي قدما وبشكل جدي في تنفيذ برنامج للتمكين هناك حاجة ماسة للحصول على التزام ودعم المديرين. فقد أشار كيزلوس (Kizilos, 1990) أن العديد من المديرين قد أمضى العديد من السنوات للحصول على القوة والسلطة وفي الغالب يكون غير راغب في التخلي عن بعض السلطات للمرؤوسين خطوة جوهرية نحو تنفيذ التمكين.

الخطوة الثانية: تحديد القرارات التي يشارك فيها المرؤوسين:

إن تحديد نوع القرارات التي سيتخلى عنها المديرون للمرؤوسين، تشكل أحد أفضل الوسائل بالنسبة للمديرين والمعلمين للتعرف على متطلبات التغيير في سلوكهم. وأن تحدد الإدارة طبيعة القرارات التي يمكن أن يشارك فيها المرؤوسون بشكل تدريجي. إذ يجب تقييم نوعية القرارات التي تتم بشكل يومي حتى يمكن للمديرين والمرؤوسين تحديد نوعية القرارات التي يمكن أن يشارك فيها المرؤوسون بشكل مباشر. ديميترياديس(Dimitriades, 2001).

الخطوة الثالثة: تكوين فرق العمل:

لا بد أن تتضمن جهود التمكين استخدام أسلوب الفريق. وحتى يكون للمرؤوسين القدرة على إبداء الرأي فيما يتعلق بوظائفهم يجب أن يكونوا على وعي وتفهم بكيفية تأثير وظائفهم على غيرهم من المعلمين والمدرسة ككل. وأفضل الوسائل لتكوين ذلك الإدراك هو أن يعمل المرؤوسون بشكل مباشر مع أفراد آخرين. فالمعلمون الذين يعملون بشكل جماعي تكون أفكارهم وقراراتهم أفضل من الفرد الذي يعمل منفردا، وبما أن فرق العمل جزء أساسي من عملية تمكين

العاملين، فإن المؤسسة التربوية يجب أن تعمل على إعادة تصميم العمل، حتى تمكن فرق العمل أن تبرز بشكل طبيعي ، سميلاك (Smialek, 1998).

الخطوة الرابعة: توفير المعلومات:

لكي يتمكن المديرون من اتخاذ قرارات أفضل للمؤسسة فإنهم يحتاجون لمعلومات عن المؤسسة التربوية والعاملون فيها، حيث يجب أن يتوفر للموظفين الممكنين فرصة الوصول للمعلومات التي تساعدهم على تفهم كيفية أن وظائفهم وفرق العمل التي يشتركون فيها تقدم مساهمة لنجاح المؤسسة التربوية. فكلما توفرت معلومات للمرؤوسين عن طريقة أداء عملهم كلما زادت مساهمتهم في إنجاح المؤسسة التربوية (Psoinos &Smithson, 1997).

الخطوة الخامسة: اختيار الأفراد المناسبين:

يجب على المديرين اختيار الأفراد الذين يمتلكون القدرات والمهارات للعمل مع الآخرين بشكل جماعي. وبالتالي يفضل أن تتوافر للمنظمة معايير واضحة ومحددة لكيفية اختيار الأفراد المتقدمين للعمل (العتيبي، 2004).

الخطوة السادسة: توفير التدريب:

التدريب أحد المكونات الأساسية لجهود العاملين. حيث يجب أن تتضمن جهود المؤسسة التربوية توفير برامج مواد تدريبية كحل المشاكل، والاتصال الإداري، وإدارة الصراع، العمل التعاوني، والتحفيز لرفع المستوى المهاري والفني للمعلمين (Dimitriades, 2001).

ونوه بوين ولولر (Bowen & Lawler, 1995) إلى أهمية التدريب الذي يحقق للموظف الاطلاع الشامل على أنشطة الوظيفة التي يقوم بها. وأوضحا أن من بين خصائص المؤسسات التربوية المكنة" التدريب على قيادة التمكين والتدريب على الوظيفة والمهارات الفنية والتدريب على مهارات الاتصال وحل المشاكل. وقد اقترحا برنامج تدريبي للمديرين من ثلاث مراحل وهي:

1- يتم تحليل القدرات الحالية، ومساعدة العاملين للعمل بأقصى ـ طاقاتهم وقدراتهم.

2- إن المديرين بحاجة لاستخدام أساليب المدرب لجعل العاملين يبذلون جهدا أكبر من قدراتهم الحالية.

3- يتم الحصول على التزام العاملين من خلال مشاركتهم في الرؤية والقيم. وعند الانتهاء من المرحلة الثالثة بشكل نهائي يتم تحقيق التمكين الكامل.

مجالات التمكين الإداري:

1- تنمية السلوك الإبداعي:

إن المؤسسات التربوية الناجحة ومن أجل ضمان بقائها، واستمرارها قوية ومؤثرة يجب أن لاتقف عند حد الكفاءة، وأن يصبح الابتكار والابداع والتجديد هي السمات المميزة لادائها وخدماتها. فالإبداع هو أحد الضرورات الأساسية في ادارة المؤسسات التربوية. ويعرف الإبداع على أنه: "توليد طرق وأساليب مفيدة لإنجاز الأعمال، والقرار الابداعي هو القرار الذي يحمل بين طياته حلولا للمشكلة القائمة وبشكل جديد وفريد (جواد، 1992).

وتظهر الحاجة الى الإبداع نتيجة الظروف التي تفرضها التغيرات في بيئة المؤسسة مثل التغيرات التكنولوجية، وتغير أذواق متلقي الخدمة، أو نتيجة التفاوت بين أداءالمؤسسة الفعلي والاداء المرغوب فيه، أو توفير معلومات حول أسلوب أفضل للعمل، فانها تحاول سد أو تقليص الفجوة من خلال الإبداع وكذلك فان الابداع يعمل على تعزيز علاقة التفاعل بين المؤسسة التربوية والبيئة التي تعمل بها وإيجاد الحلول لمشاكلها الداخلية والخارجية التي تواجهها بالإضافة الى قدرة المؤسسة على مواكبة المستجدات والتحديات من خلال الاعتماد على كفاءتها وقدرة أفرادها في التفكير والتخطيط والتحليل (اللوزي، 1999).

إن المؤسسات التربوية التي لا تعتبر الإبداع هدفا استراتيجيا من أهدافها سيكون مصيرها التدهور والانهيار، وبالتالي فان أي موظف على اختلاف موقعه الوظيفي، لا يعتبر الإبداع جزءا من حياته، فانه يحكم على نفسه بالتخلف وعدم القدرة على المساهمة في تنمية وتطوير نفسه ووظيفته ومؤسسته التي ينتمي إليها (عساف، 1999).

ولعل اعتماد الإبداع من قبل المؤسسات التربوية يعتبر من المفاهيم الأساسية التي تلعب دور ايجابي على مستوى نشاط وحياة المؤسسة واستمراريتها، خاصة في الوقت الحاضر حيث التنافس الشديد على تنمية العنصر البشري، على اعتبار أن الإنسان هو جوهر العملية الإبداعية، وتبني هذا المفهوم يتطلب توافر مجموعة من القيم والمبادئ التي تسعى إلى تحقيق الإبداع ومن هذه المبادئ: (الطيب، 1999).

1- الرغبة والميل إلى الإنجاز، وإعطاء الأولوية للأداء أكثر من أعمال التحليل واللجان، وكذلك العمل على تنمية الصلات، والعلاقات مع متلقي الخدمة.

2- إعطاء الاستقلالية للأقسام الإدارية، مما يشجعها على التفكير والإبداع.

3- تنمية البيئة التنظيمية، وقدرة المرؤوسين، بهدف زيادة الإنتاجية.

4- اعتماد المؤسسة على مبدأ المشاركة في نظامها التنظيمي، واعتبار التدريب واجبا وظيفيا، ومتجددا لكل العاملين، واعتماد أنظمة موضوعية لغايات الأداء والتقييم.

والإبداع الإداري ليس مقتصرا على أفراد دون غيرهم، إذ يتجلى دوره بوضوح في المؤسسات التربوية حيث يمكن تنميته لدى المعلمين كالقدرة على التحليل والطلاقة والمرونة والأصالة، وبذلك يسهم في التقليل من المخاطر من خلال القدرة على التعامل بحساسية تجاه المشكلات والقدرة على التنبؤ ورسم

السياسات، والتي تمكنهم من التعرف على الاحتياجات التدريبية الملائمة لعملهم بكل دقة، ومواجهة الأزمات (الشمري، 2002).

وقد ركز فورد وفوتلر (Fottler & ford, 1995) على أهمية الاعتماد على أفكار وأراء ومهارات كل العاملين، وإن إدراك عملية التمكين لديهم تعني بأن يكون لديهم القدرة على تلبية متطلبات المستهلك وبدون الحاجة الى الحصول على إذن من السلطة العليا للقيام بالأعمال من أجل التحسين.

وتلعب القيادة دورا رئيسا في توفير البيئة المناسبة للعملية الإبداعية، وقد توصلت دراسة (النمر، 1992، وأيوب، 2000) الى تبيان أثر القيادة على السلوك والمعلومات، كما أكد العواجي (1996) على دور القيادة كعامل هام في توفير البيئة الابداعية وتشجيع السلوك الإبداعي لدى الأفراد. وأكدت دراسة أمبل (Ambile, 1998) على أن شعور العاملين في المؤسسات التربوية بحرية التصرف في أداء المهام ودعم الإدارة العليا وتشجيعها للأفكار الجديدة هي أهم العوامل المؤثرة في السلوك الايجابي على الإبداع في المنظمات (هيجان، 1999).

2- تفويض السلطة:

تعتمد بعض الدول على مبدأ المركزية في تنظيم شؤونها سواء على الصعيد السياسي أو الاقتصادي أو الإداري، ولما كانت ظاهرة السلطة تتجسد في أيدي أفراد قلائل يمارسون هذه السلطة، ويملكون سلطات إصدار القرارات، فقد أدّى اتساع نطاق الخدمات وتشعبها في كل الاتجاهات إلى توسيع نطاق القاعدة، وتوزيع هذه السلطة ين ع أكبر من الأفراد القائمين على شؤون الوزارات والمؤسسات التربوية، لإمكانية تلبية الاحتياجات الجديدة، عملا بمبدأ الديمقراطية التي أصبحت سمة عصرية للعديد من الدول (ناجي، 2005).

وتقاس مركزية أو لامركزية السلطة الإدارية بمدى ودرجة تفويض السلطة، فكلما زاد اتجاه الإدارة العليا لتفويض السلطات للمستويات الأدنى من حيث

مجالات التفويض، ودرجة عمقه، اتجه نمط الإدارة إلى اللامركزية، والعكس صحيح (مصطفى، 2000).

لذا فإن تفويض السلطة هو أمر يجب أن يتعود عليه القادة التربويون، أو أن يتدربوا عليه، وأهمية تفويض السلطة تنبع من عدم تمكنهم من القيام بأعباء العمل كلها، حيث لا يوجد الوقت الكافي لدى هؤلاء القادة للقيام بكل الأعمال المناطة إليهم، فوظيفتهم الأساسية الإدارة وتسيير الأمور، ووظيفة المرؤوسين التنفيذ، وهم أقرب الناس لمشاكلهم، فلا يقوم بها القادة، هذا بالإضافة إلى أن التفويض يظهر ثقة القائد بمرؤوسيه وهو خطوة جيدة لتنمية مهارات الصف الثاني من المرؤوسين (ماهر، 2002).

إن الشعور بالتفويض الإداري له تأثير مباشر على إنتاجية المرؤوسين. وتلعب ظروف المؤسسة دورا حاسما في توفير التفويض الإداري، ومن أهم هذه الظروف ما يتعلق بمرونة تصميم المهام، وتدريب المعلمين، وتوفير التغذية الراجعة (Taylor, 1995). وذكر صقر، (1994) بأن أهم معوقات التفويض الإداري تتعلق بالنمط الإداري التسلطي والتقليدي وأنانية المديرين والصراع والأزمات التي تواجه المؤسسات التربوية وغموض الدور والأهداف.وكذلك عزا العيسى (1993) معوقات التفويض الإداري الى أمور تتعلق بشخصية المدير وخشيته على منصبه الوظيفي وكذلك أن من أهم الأسباب التي تجعل الإدارة تتردد في تفويض بعض صلاحياتها تتعلق بالمدى الزمني المتاح لاتخاذ القرار.

ويرى الباحث بأن تفويض السلطة يوفر العديد من المزايا التي تبرز أهمية ذلك في تحسين الأداء الإداري في مختلف مستويات التنظيمات الإدارية، ونتائج التفويض المتميزة لا تنعكس على مديري المدارس فقط، بل تمتد أيضا لتشمل المعلمين والمؤسسة التربوية ككل ومن يتعامل معها.

3- محاكاة أو تقليد الآخرين في سلوكهم:

كثيرا ما نسمع أن صوت الفعل أكبر أثرا من الكلمات، هـذا هـو الجـوهـر الـذي يشمل عليه مفهوم القدوة في مجال تنمية المعلمين، فيكون التواصل مع الفعل أكثر مـن الكلمات، فمعظم الرسائل التي يتلقاها المعلمون تتسم بالطابع اللاشفوي (أي أنهم أكثر تأثرا بالسلوك)، ومع ذلك فإنه غالبا ما نتجاهل هذا الأسلوب الهام في التأثير على سـلوك المعلمين.

ويمكن تعريف محاكاة السلوك باعتبارها دراسة للتمييز الشخصي، حيث يميل المديرون إلى تقليد ومحاكاة سلوك الأشخاص الذين يحترمونهم ويكنون لهم الإكبار، ومع ذلك وحتى في الظروف التي لا يكون فيها المديرين موضعا للإعجاب فإنه بإمكانهم أن يصبحوا أنموذجا للتنمية والتطوير في مدارسهم. وأشار كـل مـن بسكوريك وبيهـار (Pescuric & Bihar, 1996) إلى أن المحاكاة تعتبر أكثر الوسائل نجاعة في تطوير المهارات وتغيير السلوك.

ويقول باين (Payne, 1992) بأن تبعية الموظفين لمد رائهم ولأنظمـة المؤسسـة قد تؤدي إلى نوع من الخلل في النموذج، حيث أن تبعية الموظفين في بعض المؤسسـات تخضع لنوع مـن التهـذيب، ولاشك في أن هـذه التبعيـة تـؤدي إلى الحد مـن إنتاجيـة المؤسسات. وعليه فإنه لابد للمديرين إن أرادوا تمكين مـوظفيهم أن يتنـازلوا عـن المفاهيم الرسمية التقليدية للسيادة، فمن خلال أنموذج إستراتيجية التمكين الإداري سالف الذكر، يمكن لكل مـن المديرين والموظفين الإفادة مـن المداولات، والاتصال، والتأثير، حيث إن هـذه المفاهيم، والأنشطة تعتبر متناغمة أكثر مـع أساليب الإدارة بالمشاركة. فالمديرين بحاجة إلى أن يدعموا موظفيهم أكثر من حاجتهم للرقابة، بحيث يتمكن الموظفون من تطوير أساليب الإدارة الخاصة بهـم، هذه الأساليب التـي تعمل بدورها على تعزيز مفهوم التمكين الإداري.

ولعل محاكاة السلوك تكون أكثر هذه المتغيرات اتساقا بعدم الرسمية، فالملاحظات غير الرسمية تعتبر إحدى طرق محاكاة السلوك، ويشير زينجر (,Zenger 1991) الى أن محاكاة السلوك بصورة غير رسمية تنطوي على تناقض، وعدم انسجام، مما يؤدي الى إضاعة الوقت، والمال. بل وأشار الى كذلك الى ضرورة قيام الأنشطة في جلسات التدريب المخطط لها وبالاعتماد على المدربين الذين يتم اختيارهم بحرص إذ ما أردنا لهذه المحاكاة أن تتم بفاعلية. وبالتالي فإنه لابد من التوصل الى نوع من التوازن بين الرسمية واللارسمية إذا أردنا لنموذج التمكين الإداري أن يتسم بالفاعلية، وبما أن كل مؤسسة تختلف عن الأخرى، فإنه يصعب ، بل ويستحيل إيجاد قواعد تملي علينا المقدار الذي نحتاجه من طرف المعادلة(الرسمية، واللارسمية).

4- فرق العمل:

تلعب فرق العمل دورا كبيرا وبارزا في مجال تطبيق التمكين الإداري، حيث تعتبر إحدى الآليات الأساسية بذلك، للتطوير الإداري. وقد أصبح تطبيق فرق العمل داخل المدارس أمرا مألوفا وطبيعيا بعد أن كان حالة استثنائية في السابق، لما لها من دور هام في تحسين أداء المؤسسات التربوية، وتحقيق أهدافها.

ويقول كريتنر (Kreitner, 2003) بأن مفهوم فريق العمل هو أكثر من مجرد مجموعة، ففريق العمل يتمتع بمهارات متكاملة، وملتزم بتحقيق هدف مشترك، وأهداف للأداء ومسؤوليتهم مسؤولية جماعية ولهم سلطة في اتخاذ القرارات التنفيذية، بينما مفهوم الجماعة لا يتمتع بهذه الميزات التي يمتاز بها الفريق. وحدد عدة معايير لكي تصبح المجموعة فريقا وهذه المعايير هي:

1- الإدارة تصبح نشاطا مشتركا.
2- المجموعة تطور هدفها ومهمتها الخاصة.
3- الإدارة تنتقل من شخص متشدد الى الفرد والجماعة.
4- حل المشكلات يصبح أسلوب عمل المجموعة.
5- الفعالية يتم قياسها بواسطة النتائج الجماعية للمجموعة.

وعليه فإن تشكيل فرق العمل يعتبر إحدى الآليات الهامة لتطبيق التمكين داخل المدارس، ولا نعني بذلك تشكيل فرق عمل فقط وإنما فرق عمل فعالة لتحقيق الغاية المرجوة منها.

5- التحفيز الذاتي:

ما تستفيده المؤسسات التربوية، من الاهتمام بالحوافز، يظهر من خلال تركيز الجهود والتعرف على جدواها وعلى إنجازات المعلمين العاملين فيها، وهذا كله مدعاة لكي تقف الإدارة بعين الإطلاع على حقيقة الأداء والإنتاجية، وعلى نواحي التقصير والتحولات المطلوبة، من خلال الاهتمام بالحوافز، التي تسهم وبدرجة فاعلية، في بيان المعطيات التقويمية لهذه النواحي الأساسية داخل المؤسسات التربوية (Ostroff, 1992).

ويؤكد براون وكولتر (Brown & Coulter, 1993) على أن نجاح أي مؤسسة في الاستجابة لحاجات موظفيها من الخدمات العامة التي تقدمها يعتمد على مقياسين رئيسيين: الأول هو المقياس الموضوعي الذي يعتمد على المعلومات الموثقة في السجلات الموجودة في المؤسسة للحكم على فعاليتها، وذلك باستخدام معايير الكفاءة والعدالة في توزيعها. أما المقياس الثاني فهو مقياس شخصي أو ذاتي يعتمد على استطلاع آراء العاملين لمعرفة مستوى رضاهم عن الحوافز التي تقدم لهم.

ويؤكد ملومان ولونتين (Molleman & Leontine, 1996) على أهمية دراسة الحوافز واعتبراها وسيلة هامة لمعرفة الكيفية التي يتم بها تحقيق إشباع حاجات العاملين، فإذا كان الدافع عنصرا داخليا في تكوين الفرد، فإن الحافز عنصرا خارجيا يخاطب الدافع وتوجيه صاحبه باتجاه سلوك معين، فإذا أرادت الإدارة أن تزيد من إنتاجية وكفاءة العاملين لديها عليها التعرف على دوافعهم وتلمس احتياجاتهم حتى تقدم لهم الحوافز المناسبة التي تشبع رغباتهم، وبالتالي تدفع

وتحفز الفرد لاتخاذ السلوك أو التصرف المرغوب فيه، والتمكين هنا يعد مدخلا مهما ذا أثر فعال، وأساسه هنا هو التعزيز الإيجابي.

وأما إذا لم يحصل الفرد العامل على الإشباع المناسب لحاجاته بسبب العوائق المتمثلة في تأجيل الحافز، أو عدم مناسبته، أو لتحفيز في منح الحافز مما يفقد العدالة، فإن الناتج سوف تكون سلبية، ويؤدي الحرمان من إشباع الحاجات الى الإحباط والذي يؤدي بدوره الى انتهاج العامل لسلوك مضاد لتحقيق الهدف المطلوب منه مثل انخفاض الإنتاجية، كثرة الغياب، وعدم العمل، وعدم الولاء للمؤسسة التربوية (Robinson, 1997).

وفي مجال التمكين يعتمد إبقاء شعلة الحماس في نفوس العاملين على دور الإدارة الواعية التي تستطيع أن توائم ما بين تحقيق أهداف الأفراد العاملين لديها وأهداف المؤسسة التربوية، وأن تعمل على يكون إرضاء المعلمين وبالتالي تحفيزهم سبيلا الى تحقيق أهداف المدرسة وأهمها تحسين الأداء وزيادة الإنتاجية. ولا بد من التأكيد على أهمية توفير فرص عديدة لتحقيق الحفز الذاتي لدى العاملين في المؤسسات التربوية، وذلك من خلال التنويع في نطاق العمل، وإبقاء المعلمين في جو انشغال منتج ودائم، وتشجيع العمل الجماعي، وإشراك المعلمين في العمليات الحيوية في المدرسة، وتوفير خطوط اتصال فعالة على جميع الاتجاهات، وإشراك المعلمين في وضع مقاييس التقييم لانتقاء المعايير الأنسب لقياس قوة أدائهم وجودته(Cole, 1996).

6- التطوير الذاتي:

تسعى مختلف المؤسسات التربوية من خلال التدريب الى إكساب الأفراد العاملين فيها مهارات ومعارف وقدرات جديدة، تساعدهم على القيام بأعمالهم بشكل أكثر فاعلية، ومواكبة التطورات الحديثة ، وما تفرضه من متطلبات تكنولوجية، و

مهارية، ومعرفية، وتقنية عالية تحتاج الى أشخاص ذوي قدرات خاصة للقيام في التزاماتهم.

ويعد التدريب مصدرا مهما من مصادر إعداد الكوادر البشرية، وتطوير كفايتها، وتطوير أداء العمل، وتزداد أهمية التدريب أثناء الخدمة في العصر الحديث، حتى أصبح ضرورة ملحة نظرا للتطور السريع في المجالات والمهن كافة مما يستلزم مواكبة الأفراد هذا التطور المتسارع ليضع الفرد أمام مسؤوليات جديدة ومهام كثيرة وأعباء متنوعة لابد من الوفاء بها حتى يكون عضوا صالحا منتجا في مجتمعه، يؤدي مهامه الوظيفية بفاعلية (Lawson & Harrison, 1999).

و حدد كلارك (Clarke, 2001) أهداف التدريب بما يلي:

1- تمكين المعلمين من القيام بمهامهم المتجددة والمتطورة بكفاءة أفضل.

2- رفع مستوى الأداء لدى المعلمين.

3- زيادة الإنتاجية وتحسينها.

4- تغيير اتجاهات المعلمين نحو عملهم تغييرا ايجابيا.

ومن الجدير بالذكر أن ظاهرة التدريب ليست وليدة هذا العصر، بل هي ظاهرة موجودة عبر التاريخ، فهي قديمة قدم المجتمعات المنظمة، كما أن هناك دليلا قائما على الدور الذي لعبه التعليم والتدريب في تقدم الحضارة والمدنية، وقد ظهرت الحاجة الى التدريب منذ فجر التاريخ أي حين توصل الإنسان الى اختراع الحاجات الأساسية اللازمة لبقائه واستقراره وأمنه، وتجنب المخاطر التي تحيط به.

وفرق (ياغي، 2003) بين التعليم والتدريب، فالتعليم يهتم بالمعارف كوسيلة لتأهيل الفرد للدخول في الحياة العملية، بينما التدريب هو والوسيلة التي تمكن الفرد من ممارسة عمله بذاته واستغلال حصيلة التعليم من اجل أغراض الحياة العملية. والعملية التدريبية كغيرها من النشاطات والفعاليات الإنسانية يتم تصميمها من أجل

تحقيق أهداف مشتركة للفرد والمؤسسة والبيئة الاجتماعية، ومن هذه الأهداف التي يحققها التدريب مجتمعة مايلي:

1- يؤدي التدريب الى كفاءة الأداء لدى الأفراد العاملين، مما ينعكس على مستوى الإنتاجية للتنظيم.

2- يعمل التدريب على تنمية المعرفة والمعلومات وزيادة المهارات والقدرات لدى الأفراد العاملين، بما يمكنهم من القيام بواجباتهم الوظيفية بشكل فاعل.

3- يؤدي التدريب الى التعريف بالمؤسسة، وحل مشاكل العمل فيها، والاستثمار الأمثل للموارد المتاحة، من خلال تحسين الإنتاجية وتقليل التكلفة مع المحافظة على الجودة.

4- يعمل التدريب على التطور الذاتي للأفراد وتحقيق مصالحهم، باكتساب الدرجة الوظيفية الأعلى، وحصولهم على احترام وتقدير الآخرين، وشعورهم بالثقة بالنفس.

5- التدريب يعمل على تزويد المجتمع بالكفاءات والقيادات الإدارية.

6- يساعد التدريب العاملين في المؤسسات على مواكبة التطورات لكل ما هو جديد، بهدف إحاطتهم بالتقنيات الحديثة لتأدية عملهم.

معيقات تطبيق التمكين الاداري في المؤسسات التربوية:

إن عملية التمكين حالها كحال أي عملية تطبيق داخل التنظيمات، حيث تواجه جملة من العقبات والتحديات والتي إذ لم تواجهها الإدارة ستؤدي الى فشل العملية بكاملها؛ وقد ذكر العبيديين (2004) بعضا من المعيقات التالية:

1- ضعف وقلة مهارات المديرين.

2- غياب الثقة بين الادارة والمعلمين.

3- عدم قناعة الادارة العليا بأهمية التمكين.

4- وجود نظام اتصال ضعيف وغير فعال داخل المؤسسات التربوية.

5- وجود نظام إدارة تقليدية بحيث يحد من دور المديرين والمعلمين في المؤسسات التربوية.

6- العشوائية وعدم العدالة في كل من نظام المكافات ونظام الحوافز.

7- ضعف العلاقة مابين المديرين والمعلمين.

8- عدم وضوح الاهداف بالنسبة للعاملين في المؤسسات التربوية.

9- ضعف العملية التدريبية من حيث الكم والكيف.

10- نظام رقابي لايسمح بحرية التصرف وبالتالي يحد من الإبداع.

11- غياب فرق العمل بين المعلمين في المؤسسات التربوية.

ضمانات نجاح برامج التمكين الإداري:

يقترح سيفرلو (Civerolo, 2004) قائمة من الإجراءات التي يمكن استخدامها لضمان نجاح جهود التمكين الإداري في المؤسسات التربوية:

1- الاستمرار بتواصل الرؤى أو التصورات حول أهداف المؤسسة وعوائها المتوقعة.

3- قيادة المرؤوسين بالأفعال وليس بالأقوال.

4- مكين المستخدمين من حل مشكلات العمل بأنفسهم.

5- بناء الفكر الإداري الجديد لدى المدرين والمعلمين.

6- بناء مهارات العمل والاتصال لدى أفراد المؤسسات التربوية.

7- فهم الأدوات التي تساعد في حل المشكلات من قبل الأفراد مثـل، الخـرائط التنظيمية للمؤسسات التربوية، والعصف الذهني... .

8- إيجاد مناخ عمل هادف، وغير قابل للتأويل، لأن تمكين الأفراد دون إيجـاد المناخ التعاوني الودود يعتبر مضيعة للوقت.

9- تشكيل فرق عمل مؤهلة وبقيادة فعالـة. وذلـك بعـد التأكـد مـن تعلـيم وتدريب القادة المنتظرين على مختلف المهارات لضمان نجاح كـل فريـق، ويـرتبط بـذلك الاختيـار الملائـم للإفـراد ، وإيجـاد مقـاييس أداء واضـحة، وتجنب التشتت في التحليل، وتعيين حدود وصلاحيات حل المشكلة.

10- الاعتراف بجهود العاملين في المؤسسات التربوية هو حجر الزاويـة للتمكـين الإداري حيث يجب تقدير جهـود العـاملين واحـترامهم ومكافـأتهم عـلى أعمالهم المتميزة ويجب التأكيد على المنجـزات وتعميمهـا داخـل إدارات وأقسام المؤسسات التربوية لـكي يعلمهـا الجميـع ويلمسـونها ، حيـث إن عـدم الاعـتراف بـالأداء المتميـز يـؤدي الى فقـدان الأفـراد لـدافعيتهم وحماسهم والتزامهم بمعالجة المشكلات وتحقيق المنجزات.

مستويات التمكين الإداري:

التمكين الإداري لا يدور حول جعل المعلمين يفعلون ما يريـده المـدير، بـل إنـه يعني الخروج الى مستوى جديد، وهو جعلهم يفعلون مـا هـو ضروري، وتحتاجـه فعـلا المدرسة، ويعرف معظم المديرين أن عملية إعادة الحيوية الى المؤسسات التربويـة لا بـد أن تحدث من أسفل الى أعلى، لكن المشكلة هي في كيفية نقل هذه الرسالة الى العاملين دون استحضار ذلك النوع من الضغوط التي تجعلهم أقل إنتاجية، وحل هـذه المشـكلة يكون من خلال التمكين، وهو أكثر سهولة مما نعتقد مع

الاعتراف بأنه يتطلب مستوى عاليا من الانفتاح والنزاهة من قبل الإدارة العليا (أفندي، 2003).

إن أي عملية تغيير تحتاج الى وقت داخل أي مؤسسة تربوية، وهي تتم على مراحل لتحقيق الغايات المرجوة، وبما أن التمكين يمثل إستراتيجية ضرورية للمؤسسة التربوية، وبالتالي لابد من أن تتبناها نظريا وعمليا، وقد حدد باستور(Pastor,1996) المشار إليه في (العبيديين، 2004) خمسة مستويات يمكن للفريق الإداري تطبيقها وهي:

المستوى الأول: يتخذ المدير القرارات ويعلم الفريق، وقد يبدو هذا أساسا واضحا، ولكن في الأغلب يضع المدير قرارا ولا يكلف نفسه إعلام الفريق.

المستوى الثاني: يسأل المدير فريقه عن أي اقتراحات ويضع القرار معتمدا على الاقتراحات ويعلم الفريق.

المستوى الثالث: يتناقش المدير والفريق في الوضع بشكل مفصل ويطلب المدير أوراق عمل ومدخلات من الفريق، وقد يأخذ أو لا يأخذ بها، ويعلم الفريق بذلك.

المستوى الرابع: يستمر المدير ببناء علاقات مع الفريق، وفي هذه النقطة تتخذ القرارات بشكل نهائي وبشكل تعاوني بين المدير والفريق.

المستوى الخامس: يستمر المدير ببناء علاقات مع الفريق، وفي ها المستوى تق القرارات وبشكل تعاوني بين المدير والفريق.

وفي كثير من المؤسسات التربوية يطبق التمكين، ولكنه بدرجات متفاوتة، ففي بعض المؤسسات يعني التمكين تشجيع العاملين فيها على طرح الأفكار، لكن بدون مشاركة في اتخاذ القرار، والبعض يعني بالتمكين إعطاء العاملين حرية في طرح الأفكار وسلطة كاملة في اتخاذ القرار، وأساليب التمكين تسير في تسلسل كما هو موضح في الشكل التالي:

الشكل رقم (3)
تسلسل التمكين

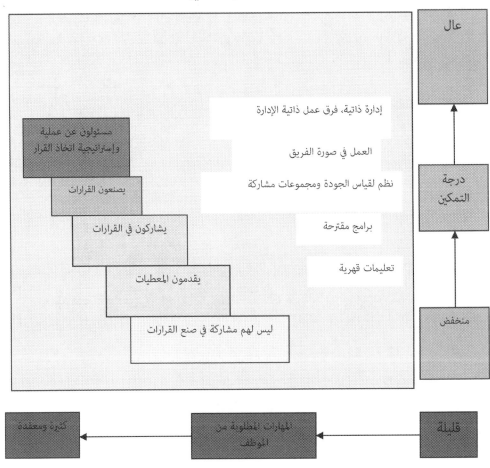

المصدر: (أفندي، عطية، 2003)

يلاحظ من الشكل أن التدرج يبدأ من انعدام السلطة وينتهي بـالتمكين، حيـث يكون للعاملين دور بارز وكبير في صنع القرارات وفي وضع إستراتيجية المؤسسة التربوية، ويصل التمكين أعـلى مستوياتـه عنـدما تمـنح فرق العمـل إدارة ذاتيـة. وفي المؤسسـات التربوية التي تسعى الى التعليم المستمر، يعتبر الأفراد مصدرا أوليا لقوة

المدير، وهذه المؤسسات تقدم الحوافز التنافسية للعاملين، وتوفر ظروف عمل جيدة، وتنمية مهنية وتطوير ذاتي، والإحساس بالمشاركة في اتخاذ القرارات، وبصفة عامة يمكن القبول بثلاثة مستويات للتنمية المعنوية للأفراد والعاملين في المؤسسة التربوية على النحو التالي كما هو في الشكل رقم (4):

مستويات التنمية المعنوية للعاملين في المؤسسات التربوية

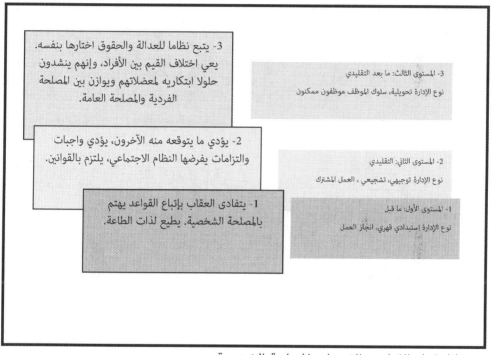

خلال إتباع القواعد والاهتمام بالمصلحة الشخصية.

وفي **المستوى الثاني** (التقليدي) يكون دور الإدارة دور المشجع للمعلمين، ويكون تركيز الإدارة على فرق العمل وتوجيههم، وفي هذا المستوى يؤدي المعلم

ما يتوقعه منه الآخرون، بحيث يؤدي واجباته والتزاماته التي يفرضها النظام الاجتماعي عليه.

أما **المستوى الثالث** (ما بعد التقليدي) يعمل الموظف على إتباع نظم العدالة والحقوق التي اختارها بنفسه. ويعي اختلاف القيم بين الأفراد ولأنهم ينشدون حلولا ابتكاريه لمشكلاتهم، ويوازن بين المصلحة الفردية والمصلحة العامة.

الفصل الثاني
إدارة الجـــودة الشاملـــة

إدارة الجودة الشاملة

أصبحت الجودة حديث المعنيين بالتحسين والتطوير التنظيمي في الدول المتقدمة والنامية على حد سواء نظرا للأهمية البارزة التي يعول عليها بصفتها أحد التقنيات الإدارية الحديثة التي تسهم في الارتقاء بمستوى أداء الأعمال. وفي ظل التحديات العالمية المعاصرة المتمثلة في ثورة تقنية الاتصالات والمعلوماتية والتسابق في إرضاء المستفيدين تحتم على المنظمات كافة انتهاج الأسلوب العلمي في مواجهة هذه التحديات واستثمار الطاقات البشرية الفاعلة في ترصين الأداء بمرونة أكثر كفاءة وفاعلية.

إن تطبيق نظام إدارة الجودة الشاملة يقدم رؤية أكثر شمولا وفاعلية عن نظام الجودة الآيزو فإنه من المناسب الأخذ بهذا النظام الحديث والاستفادة من مبادئه وأهدافه ومضمونه للمساهمة في تحسين مستوى الأداء لتحقيق الأهداف السامية للعملية التربوية.

ويمكن القول بأن الاهتمام بالجودة كان موجوداً في الفكر الإداري منذ بدايات ظهوره وبلورة نظرياته، غير أنه لم يجد الاهتمام والعناية إلا لدى اليابانيين الذين خرجوا من الحرب العالمية الثانية مهزومين ومتدنين من حيث جودة منتجاتهم، ليبدأ اليابانيون بعد ذلك بالاستماع إلى محاضرات عدد من العلماء الأمريكيين في مقدمتهم ادوارد ديمنج وجوزيف جوران وغيرهم، والذين فشلوا في إقناع الشركات والمؤسسات الأمريكية بأفكارهم عن الجودة، وعندما اقتنع اليابانيون بهذه الأفكار وطبقوها أصبحت اليابان حديث العالم بأسره عن مدى تطورها وتقدمها وجودة منتجاتها ولهذا بدأ الكثير من الباحثين والمنظرين بالبحث والتنقيب عن سر التفوق الياباني في الإنتاج والصناعة حتى أصبحت تنافس وبقوة الدول المتقدمة مثل الولايات المتحدة الأمريكية، ليظهر بعد ذلك للعالم أن الجواب يكمن في تطبيقهم لدوائر الجودة وفرق الجودة ثم إدارة الجودة (الحربي، 2002).

مفهوم إدارة الجودة الشاملة:

الجودة تعني الإتقان كما تعني في مستوياتها العالمية التفوق والإبداع، وتعرف بأنها "مجموعة من الملامح والخصائص والمميزات لمنتج أو خدمة مـا، والتي تعبر عـن قدرتها على تلبية احتياجات ومتطلبات محددة أو متوقعة ضمنا من الزبون"، (الشماع، 1998).

ويعـد مفهـوم إدارة الجودة الشاملة، (Total Quality Management) مـن المفاهيم الإدارية الحديثة في أداء الأعمال وإدارتها ويركز هذا المفهوم على إرضاء العميل (المستفيد) وجودة الإنتاج أو الخدمة عن طريق التحسين المستمر لفعاليـات المؤسسة التربوية وتفعيل العمل الجماعي والجوانب الإبداعية لجميع العاملين فيها والوصول إلى أداء العمل الصحيح من أول مرة وفي كل مرة. ولقد تعددت وتباينت التعريفـات التـي أوردها الكتاب والمهتمون بموضوع الجودة في وضع تعريف محـدد لمعنـى ومضمون الجودة وأبعادها المختلفة. ومن الصعب أن نجد تعريفا بسيطا يصفها ويعرفهـا تعريفـا شاملا قاطعا بسبب تعدد جوانبها، (السلمي، 2000).

ووضع "ايشيكاوا" تعريفا موسعا لمفهوم الجودة. فبالنسبة لـه الجـودة تعنـي "جودة العمل وجودة الخدمات وجودة المعلومات وجودة نظام العمل وإجراءاتـه وجودة القسم المسئول وجودة الأفراد من عمال ومهندسين والمديرين والمسئولين التنفيذيين، إضافة إلى جودة المنشاة ذاتها وجودة أهداف تلك المنشاة."

ويعرفها المعهد الفيدرالي الأمريكي للجودة (1991) بأنها:"القيام بالعمـل الصحيح بشكل صحيح من أول مرة مع الاعتماد على تقييم العميل في معرفة مـدى التحسن في الأداء".

أما هتشن Hutchins فعرفها كما ورد في نبيل، (2002) بأنها:"مدخل الإدارة المنظمة الذي تركز على الجودة ويبنى على مشاركة جميع العاملين بالمنظمة ويستهدف النجاح طويل المدى من خلال رضا العميل وتحقيق منافع للعاملين بالمنظمة وللمجتمـع ككل".

ويشـير جابلونسـكي Jablonski (2000) إلى أن مفهـوم إدارة الجـودة الشـاملة كغيره من المفاهيم الإدارية التي تتباين بشأنه المفاهيم والأفكار وفقا لزاوية النظر مـن قبل هذا الباحث أو ذاك، إلا أن هذا التباين الشكلي في المفاهيم يكاد يكـون متماثلا في المضامين الهادفة إذا أنه يتمحور حـول الهـدف الـذي تسـعى لتحقيقه المنظمـة والـذي يتمثل بالمستهلك من خلال تفاعل كافة الأطراف الفاعلـة في المنظمة. إن إدارة الجـودة الشـاملة تعنـي الإسـهام الفعـال للنظام الإداري والتنظيمـي بكافـة عناصره في تحقيـق الكفاءة الاستثمارية للموارد في السعي لتحقيق هـدف المنظمـة الـذي يتركـز في تحقيـق الإشباع الأمثل للمستهلك الأخير من خلال تقديم السلع والخدمات بالمواصفات القياسية ذات النوعية الجيدة.

ويعرفها النجار (النجار، 1999، 73) بأنها أسلوب متكامل يطبق في جميع فروع المؤسسـات التربويـة ومسـتوياتها ليـوفر للأفراد وفرق العمـل الفرصـة لإرضاء الطـلاب والمستفيدين من التعلم، وهـي فعاليـة تحقـق أفضـل خدمات تعليميـة بحثيـة بأكفـأ الأساليب ثبت نجاحها لتخطيط الأنشطة التعليمية وإدارتها.

وعرفها (المديرس، 2000) بأنها: أسلوب إداري يضمن قيمة للطالـب مـن خلال تحسين وتطوير مستمرين للعمليات الإدارية بشكل صحيح مـن أول مـرة وفي كـل مـرة بالاعتماد على احتياجات ومتطلبات العميل.

من خلال التعريفات السابقة ـ وغيرها الكثير ـ نلحظ أن هناك اختلافا واضحا وكبيرا بين المعنيين بتعريف الجـودة، ولكنهم يجمعون على أن الجودة تتحقق من خلال نظرة المستفيد، فالجودة دائمـا تعنـي مـدى قـدرة المنظمـة على تقديم خدمة ترضي (الطالـب) بـل تتخطى متطلباتهم وتوقعاتهم الحاضرة والمستقبلية. وكذلك معظم التعريفات السابقة تتضمن المقومـات الأساسية الثلاثـة لإدارة نظـام الجـودة الشـاملة لنجاحه في أي منظمة وهي:ـ إدارة تشاركيه، والتحسين المستمر في العمليات، واستخدام فرق العمل.

أبعاد مفهوم إدارة الجودة الشاملة:

إن مفهوم إدارة الجودة الشاملة يتيح للمديرين النظر إلى أسلوب الإدارة من ثلاثة إبعاد مختلفة كما ذكرها صلاح الدين، (1999) وذلك كما يلي:

أولاً: مفهوم إدارة الجودة الشاملة (TQM) ينمي أسلوب المشاركة في المؤسسة التربوية حيث يسمح لكل فرد داخل المدرسة بالمشاركة من خلال فريق عمل (Work Team) أو حلقات الجودة (Quality Circles) في تشخيص المشاكل وكذلك في اتخاذ القرارات المتعلقة بعمل الفرد وهذا بالطبع يخلق اتجاهاً إيجابياً للعاملين بالمؤسسة التربوية نحو الجودة ويرفع روحهم المعنوية ويخلق جواً من الاحترام المتبادل بين العاملين في الأقسام والمستويات الإدارية المختلفة.

ثانياً: يشجع المفهوم استخدام الوسائل والأساليب الإحصائية لإدارة الجودة الشاملة، وهذا المفهوم عبارة عن نظام يعتمد على استخدام الأساليب الإحصائية لحل المشاكل وضبط الجودة، ويهدف إلى إرضاء العميل (الطالب) من خلال التحسين المستمر للمدخلات والعمليات كما أن تطبيق الأساليب الإحصائية في ضبط الجودة والرقابة على المخرجات و يؤكد التحليل الكامل للمشاكل وتشخيصها والوصول إلى الحلول المناسبة لمشاكل جودة المخرجات، وقد أثبتت أساليب الإحصاء فعاليتها في تحسين الجودة وضبط المخرجات والعمليات في كثير من المؤسسات التربوية الحكومية في اليابان والغرب، ففي الولايات المتحدة الأمريكية يوجد أكثر من (4000) مؤسسة تربوية في أكثر من (40) ولاية طبقت مفهوم إدارة الجودة الشاملة (TQM) من خلال السماح بالمشاركة كفريق عمل واستخدام أساليب الإحصاء مثل: تحليل (Pareto Analysis) والعصف الفكري (Brainstorming) وتحليل السبب والتأثير (Cause and Effect Analysis) وغيرها من الأساليب الإحصائية.

ثالثاً: تأييد ودعم الإدارة (Management Commitment) ولنجاح نظام إدارة الجودة الشاملة لابد من تأييد ودعم الإدارة العليا واقتناعها بأهمية مدخل إدارة الجودة الشاملة فدون الاقتناع الكامل من قبل الإدارة العليا بأهمية الجودة، فإن أية جهود تبذل على أي مستوى إداري لن يكون لها التأثير المطلوب تحقيقه، فتنبي فلسفة إدارة الجودة الشاملة تبدأ من اقتناع الإدارة العليا بالتحسين والتطوير الذي يترجم في صورة خطط ومواصفات واختبارات ثم التنفيذ الفعلي (البيلاوي، 2006).

التطور التاريخي لإدارة الجودة الشاملة:

يمكن القول بأن الاهتمام بالجودة كان موجوداً في الفكر الإداري منذ بدايات ظهوره وبلورة نظرياته، غير أنه لم يجد الاهتمام والعناية إلا لدى اليابانيين الذين خرجوا من الحرب العالمية الثانية مهزومين ومتدنين من حيث جودة منتجاتهم، ليبدأ اليابانيون بعد ذلك بالاستماع إلى محاضرات عدد من العلماء الأمريكيين في مقدمتهم ادوارد ديمنج وجوزيف جوران وغيرهم، والذين فشلوا في إقناع الشركات والمؤسسات الأمريكية بأفكارهم عن الجودة، وعندما اقتنع اليابانيون بهذه الأفكار وطبقوها أصبحت اليابان حديث العالم بأسره عن مدى تطورها وتقدمها وجودة منتجاتها ولهذا بدأ الكثير من الباحثين والمنظرين بالبحث والتنقيب عن سر التفوق الياباني في الإنتاج والصناعة حتى أصبحت تنافس وبقوة الدول المتقدمة مثل الولايات المتحدة الأمريكية، ليظهر بعد ذلك للعالم أن الجواب يكمن في تطبيقهم لدوائر الجودة وفرق الجودة ثم إدارة الجودة. وقد مرت إدارة الجودة الشاملة بثلاث مراحل كما يذكر (الحربي، 2002، 24):

المرحلة الأولى من عام 1950م إلى بداية 1960م :

في بداية الخمسينات أبرز المفكر الأمريكي فيجنبوم (Feigenbaom) مفهوم الرقابة الشاملة على الجودة ، يعني إنتاج السلع أو الخدمات بطريقة اقتصادية

ومطابقة لحاجات ورغبات المستفيد من خلال تطوير وصيانة الجودة، وقد أكد فيجنبوم أن الجودة مسؤولية جميع الأفراد العاملين بالمنظمة.

المرحلة الثانية من عام 1960م إلى بداية 1980م:

شهدت الستينيات ظهور فلسفات عديدة للجودة وإدارتها ، كان من أبرزها فلسفة الرواد الأوائل للجودة وهم (إدوارد ديمنج (Edward Deming)) و (فيليب كروسبي (Philip Crosby) في بداية السبعينيات ، ثم ظهرت آراء (جوران (Juran)، هؤلاء الأمريكيون الثلاثة كان لهم دور كبير في تحسين وتطوير نظريات ومبادئ الجودة.

المرحلة الثالثة من عام 1980م إلى الآن:

حدثت في الثمانينيات وبداية التسعينيات تطورات كبيرة في مفهوم الجودة وإدارتها، حيث ظهر أسلوب حلقات الجودة وفرق الجودة والذي طبقه اليابانيون بفاعليه كبيرة لينتقل مفهوم الجودة بعد ذلك ليصبح وظيفة أساسية للإدارة بدءاً من الإدارة العليا والإدارة الوسطى، والإدارة الإشرافية، وانتهاء بالعاملين كما يغطي كل المجالات الوظيفية بالمنظمة لتعرف الإدارة بعد ذلك بإدارة الجودة الشاملة (Total quality Management).

أهـم رواد إدارة الجــودة الشاملــة:

إدوارد ديمنج Edwards Deming :

قدم ديمنج مفهوم إدارة الجودة الشاملة من خلال أربعة عشر مبدأ هي كما ذكرها (غنيم، 2005، 26) تحديد الغرض من تحسين المنتج أو الخدمة، تبني فلسفة ومفهوم الجودة، توقف الاعتماد على الفحص الشامل كطريقة أساسية لتحسين الجودة والاعتماد على الأساليب الإحصائية لمراقبة العملية الإنتاجية، عدم الاعتماد على الأسعار كمؤشر أساسي للشراء، بل اعتماد المنتج أو الخدمة على الجودة

العالية، التحسين المستمر لعملية الإنتاج والخدمات، إيجاد التكامل بين الأساليب الحديثة والتدريب، استخدام الطرق الحديثة في الإشراف والقيادة، إزالة الخوف من نفوس العاملين، إزالة الحواجز الموجودة بين الأقسام والإدارات المختلفة، التخلص من الشعارات والأهداف الرقمية، المراجعة الدورية لمعايير العمل، إزالة العوائق التي تقف في وجه اعتزاز العاملين بأنفسهم، تأسيس برامج لتدريب العاملين على المهارات الجديدة، اتخاذ الإجراءات اللازمة للتحول إلى إدارة الجودة الشاملة من خلال تطبيق مقومات المبادئ الثلاثة عشر السابقة

فيليب كروسبي (Philip Crosby):

أول من نادى بمفهوم العيوب الصفرية (Zero Defect) وهي المطابقة مع احتياجات ومتطلبات المستفدين وتحقيق نظام وقائي لمنع الأخطاء قبل وقوعها وأن معيار الجودة تقديم منتج أو خدمة بلا عيوب (الحربي، 2002، 33) ولتحسين مستوى الجودة وضع كروسبي (Crosby) أربعة عشر مبدأ هي:

التزام الإدارة العليا بالتحسين، وتكوين فرق عمل لتحسين الجودة ، وقياس الجودة، وتقويم تكلفة الجودة، ونشر الوعي بالجودة، وتصحيح إجراءات العمل، وتشكيل لجنة للتخطيط للعيوب الصفرية، وتحديد الأهداف، وإزالة أسباب العيوب، ومكافأة العاملين الذين يحققون معدلات أداء مميزه، وتكوين مجالس الجودة، والتحسين المستمر للجودة. (غنيم، 2005: 27)

جوزيف جوران (Joseph Juran):

كما ورد في عليمات، (2004) يرى جوران أن الجودة تعني الملائمة في الاستعمال مع عدم احتوائها للعيوب وتتضمن الفلسفة التي يتبناها حول إدارة الجودة الشاملة:

- **تخطيط الجودة:** ويتطلب ذلك تحديد مستوى جودة المنتج، وتصميم عملية الإنتاج لتحقيق الجودة، وضع خطة إستراتيجية سنوية، وضع الأهداف، تقييم نتائج الخطط السابقة، تنسيق أهداف المؤسسة مع أهداف المؤسسات الأخرى.
- **الرقابة على الجودة:** وتتضمن استعمال طرق إحصائية في الرقابة، وتحديد الأداء الفعلي للجودة، ومقارنة الأداء بالأهداف، وتصحيح الانحرافات.
- **تحسين الجودة:** من خلال تطوير الهيكل التنظيمي للمؤسسة، إ يجاد فريق للمشروع، والتدريب المستمر وتشخيص مشاكل الجودة ومحاولة معالجتها.

المبادئ الأساسية لإدارة الجودة الشاملة:

يقوم أسلوب إدارة الجودة الشاملة، كما ذكرها جابلونسكي (Jablonski, 2000) على مفاهيم ومبادئ أساسية ينبغي أن تعرف أولا ثم تطبق، وهي على النحو التالي:

1- التركيز على المستفيد (الطالب): يقصد المستفيد هو الشخص الذي يؤدي إليه أو من أجله العمل، سواء كان ذلك العمل إنتاجا لسلعة أو خدمة، وسواء كان ذلك المستفيد داخل المؤسسة التربوية أو خارجها. ويعد الطالب وكسب ثقته ورضاه محور إدارة الجودة الشاملة، الأمر الذي يتطلب من الإدارة العليا معرفة حقوق ومتطلبات هولاء المستفيدين على أكمل وجه.

2- التحسين المستمر: يرتكز مفهوم إدارة الجودة الشاملة على فرص التحسين والتطوير المستمرين لتحقيق أعلى مستويات الأداء.

3- الوقايـة بـدلا مـن التفتـيش: تؤكـد فلسـفة إدارة الجـودة الشـاملة عـلى الإجراءات الوقائية، وذلك لمنع الخلل قبل حدوثه. ويعد أسـلوب التفتـيش لتحسين الجودة أسلوبا مكلفـا وغـير فعـال. إذ أنـه يمكن تفادي تكاليف التفتـيش بأسـلوب وقـائي ذي تكلفـة اقل يعتمـد عـلى بنـاء الجـودة مـن الأساس.

4- العمل الجماعي: تؤكد فلسفة إدارة الجودة الشـاملة مشـاركة كـل فـرد في المؤسسة التربوية للعمل على نحو الهدف العام الموحد ممـا يشـعرهم بـان آراءهـم ذات قيمـة وهـذا يشـجع عـلى أفكـار جديـدة. وتعـد المشـاركة الجماعية للعاملين في المؤسسة التربوية وسيلة فعالة لتشخيص المشكلات وإيجـاد الحلـول المثـلى لهـا. وينطلـق هـذا الأسـلوب مـن مبـدأ التـدريب الإلزامي لكل فرد في المؤسسة التربوية على أسلوب إدارة الجودة الشاملة وأهمية روح العمل الجماعي وصولا إلى أعـلى المسـتويات (Jablonski, 2000) .

ثقافة الجودة:

لقد أكد مؤسس علم الجودة "ديمنغ وكروسبي" في مؤلفاتهم عـلى أهميـة بنـاء ثقافة الجودة، كشرط مسبق لابد منه، كي تنجح المؤسسات التربوية في مساعيها لتحسين الجودة، ويعتبر بناء ثقافة الجودة الملائمة للمؤسسة أمراً حيوياً لتطورها.

ما معنى ثقافة الجودة؟

توجد عدة تعاريف للثقافة، فانه يمكن استخدام التعريف الآتي لثقافة الجودة لجماعة ما:" ثقافة الجـودة هـي مجموعـة مـن القيم ذات الصـلة بـالجودة التـي يـتم تعلمها بشكل مشترك من أجل تطوير قـدرة المؤسسـة التربويـة عـلى مجابهـة الظروف الخارجية التي تحيط بها وعلى إدارة شـؤونها الداخليـة" (اكارشـاين، تنظيم الثقافة والقيادة، 1985).

وقد يرى الباحث أنه من غير المعقول أن تقوم المؤسسات التربوية بالاعتناء بالجودة في مجال عملها بدون أن تكون ثقافة للجودة يتم التوعية بها والتعريف بمفرداتها بل والتدريب عليها بحيث تصبح في النهاية جزءا أصيلا من هموم المؤسسة وعملها ورؤيتها المستقبلية لتطبيق إستراتيجية متكاملة لبناء ثقافة الجودة بحيث تقوم على مايلي:

● معرفة أو التنبؤ بالتغيرات المطلوبة في المؤسسة التربوية.

● بناء خطة متكاملة لتنفيذ التغيرات المطلوبة في المؤسسة التربوية.

● إقناع العاملين في المؤسسة التربوية وعلى كافة المستويات بأهمية التغيير.

● تقديم التشجيع والتحفيز المادي والمعنوي الضروري للعاملين في المؤسسة.

ويرى عليمات (200) بأن هناك تمييز بين الثقافة العامة في المجتمع والثقافة داخل المؤسسة التربوية ومع أن الأخيرة يمكن أن تتأثر بالثقافة العامة إلا أنه يمكن بناؤها داخل المؤسسة، ومن الأمثلة على القيم العامة للجودة ما يلي:

قيم الإدارة:

‑ الإيمان بالتحسين المستمر للجودة داخل المؤسسات التربوية.

‑ اعتبار الجودة عاملاً استراتيجياً لأعمال الإدارة.

‑ إعطاء الجودة الاهتمام الأكبر في التنظيم الإداري.

‑ توزيع المسؤولية عن الجودة بين العاملين في المؤسسة التربوية كافة.

‑ الاهتمام بالعاملين في المؤسسة التربوية وتحفيزهم، لأن إرضاء المستفيد (الطالب) هو نتيجة لإرضاء العاملين فيها.

قيم العاملين:

– كل معلم مسؤول عن جودة ما يقدمه للطالب.

– ضرورة تنفيذ الأعمال دون أخطاء من المرة الأولى.

– هدف المعلم هو تقديم مخرج بدون عيوب.

– مشاركة المعلم تعتبر أساسية لتحسين الجودة في المؤسسة التربوية.

– حل المشاكل بشكل مستمر يجب أن تكون القاعدة للعمل.

وللوصول إلى هذه القيم لابد من تحليل الفجوة القائمة بين القيم المرغوبة للجودة والقيم السائدة في المؤسسة التربوية وإيجاد الحلول التصحيحية لمعالجة هذه الفجوة، مما يساعد المؤسسة التربوية على تحقيق أهدافها وقدرتها على المنافسة (المكتبة الالكترونية المجانية، إدارة الأعمال http://www.fised.com).

مضمون إدارة الجودة الشاملة:

ويذكر أمين، (1995) بأن مضمون إدارة الجودة الشاملة يقوم على ما يلي:

1- السعي الدءوب لتحقيق أعلى مستوى ممكن من الجودة من أجل الوصول إلى أكبر قدر من تحقيق الأهداف.

2- الحرص على استمرارية التحسين والتطوير بحيث كلما أمكن الوصول إلى مستوى معين من الجودة تم التطلع إلى مستوى أعلى منه مع التركيز دوما على الجودة بمعناها الواسع.

3- الامتداد بالتحسين والتطوير إلى كافة العمليات وعدم الاقتصار على مراحل الإنتاج فحسب تحقيقا لشمولية الجودة.

4- العمل من أجل التميز وذلك من خلال التغذية الراجعة (العكسية) لمتلقي الخدمة كأساس للتخطيط الاستراتيجي للمؤسسة.

5- الحرص على حساب تكلفة الجودة بحيث يتم تضمين جميع تكاليف الأعمال المتعلقة بالجودة مثل تكاليف الوقاية، التقييم، الفرص الضائعة وغيرها.

6- توفير فرص العمل الجماعي من خلال تشكيل فرق العمل ومشاركة جميع العاملين والتعاون فيما بينهم انطلاقا من تغيير نظرة الأفراد إلى ما يحقق نجاحهم وما يحقق نجاح المؤسسة.

7- الاستناد إلى البيانات في اتخاذ القرارات الأمر الذي يستوجب تسجيل وتوثيق الأحداث وتحليلها أولا بأول.

8- تفويض السلطات بدلا من مركزيتها وخاصة فيما يتعلق بتصميم الوظائف ووضع السياسات المؤثرة على سير وانتظام الأعمال.

9- إشاعة مناخ يسمح بالتمتع بالملكية النفسية (المشاركة في حل المشكلات وتبني الحلول والمقترحات) خاصة إذا كان من غير الممكن لمعظم العاملين أن تكون لهم ملكية مادية في المؤسسة.

10- البعد عن الشعارات خشية انقلابها إلى الضد وخاصة مع غياب القدوة.

11- الاهتمام بالعاملين اختيارا وتدريبا ومشاركة وتقديرا وتوحدا.

مكونات إدارة الجودة الشاملة:

يعتمد تنفيذ إدارة الجودة الشاملة في أية مؤسسة إنتاجية أو خدمية على وجود هدف أو مجموعة من الأهداف الموضوعية، وهذا الهدف يوجه العاملين على اختلاف مستوياتهم للتركيز على محاور اهتمام معينة وبالتالي إلى تبني إستراتيجية تحدد خطوات العمل مع توزيع مسئوليات كل عمل من الأعمال وذلك كما أوردها (إبراهيم، 2003) في الشكل الآتي:

الهدف

رضا المستفيد.
الخلو من العيوب.
إنتاج منتج صحح من أول

محاور الاهتمام

ثقافة وفلسفة المؤسسة.
العمليات والنظم.
المستفيدون.
مقدمو الخدمة.
التحسين المستمر.

الاستراتيجية

اندماج كل العاملين في المؤسسة في أعمال الجودة.
تحديد وإيضاح إجراءات العمل.
التوجه نحو هدف موضوعي طويل المدى.
ضبط تكلفة الجودة.
اتخاذ اللازم من الإجراءات الوقائية.
التأكيد باستمرار على ضمان الجودة.
حل المشكلات وإزالة العقبات بطرق وأساليب منهجية.

مسؤولية التنفيذ

الإدارة العليا.
فرق العمل.
مشاركة كل العاملين.

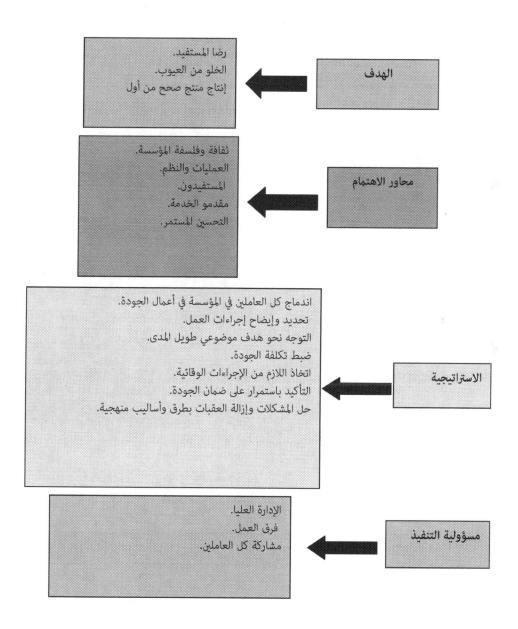

السمات المميزة لإدارة الجودة الشاملة:

من المتفق عليه - حتى الآن - أن إدارة الجودة الشاملة تقوم على مجموعة من المبادئ التي يمكن إيجازها في:

التركيز على المستفيد، والتركيز على العمليات مثلما يتم التركيز على النتائج، والوقاية من الأخطاء قبل وقوعها، وشحن وتعبئة خبرات القوى العاملة، واتخاذ القرارات المرتكزة على الحقائق، وأخيرا التغذية الراجعة. وفي ضوء هذه المبادئ وفي حالة التمكن من تحقيقها فانه من المتوقع أن تتصف إدارة الجودة الشاملة بالسمات المميزة التي ذكرها (الكيلاني، 1998) التالية:

1- الجدارة بالثقة: من خلال دقة العمل وتحقيقه للغرض وتطوير إجراءاته وتحديد مهامه.

2- الالتزام بالمواقيت: من خلال تقديم الخدمة في موعدها عن طريق تحسين الكفاية المخرجات التربوية.

3- الجاذبية: من خلال الاهتمام بالمظهر المادي أو الجسمي أو الفيزيائي سواء للسلعة أو للخدمة أو لمن يقدم أي منهما.

4- الملامح المميزة: من خلال التعرف على ما يحقق المزيد من إشباع رغبات ورضا الطالب.

إدارة الجودة كنظام متكامل :

النظام: يعرف النظام بشكل عام أنه الكيان المنظم أو المركب الذي يجمع شتى أشياء وأجزاء تؤلف في مجموعها كلياً موحداً.

وهو عبارة عن مجموعة من الأجزاء والمكونات التي تربطها علاقات متبادلة والتي تشكل بمجموعها كل ومتكامل.

والنظام نوعان:

1. النظام المفتوح تعتمد المؤسسة التربوية على البيئة الخارجية.
2. النظام المغلق تعتمد المؤسسة التربوية على البيئة الداخلية.

فالمؤسسة التربوية هنا نظام اجتماعي مفتوح مدخلات، عمليات، مخرجات.

تعرف إدارة الجودة الشاملة (Quality Management) بأنها جميع الأنشطة الوظيفة لإدارة الجودة الشاملة التي تحدد سياسة الجودة والأهداف والمسؤوليات وتطبقها بوسائل:

1. التخطيط للجودة (Quality Planning): ويقصد به مجموعة من الأنشطة التي تحدد الأهداف والمتطلبات الخاصة بعملية الجودة من أجل تطبيق عناصر نظام الجودة وتشمل ما يلي:

- تخطيط المخرج.
- التخطيط الإداري.
- تخطيط العمليات.
- إعداد خطط الجودة.

2. ضبط الجودة (Quality Control): وتشمل على الأساليب والأنشطة العملياتية التي تهدف إلى مراقبة العمليات والحد من الأساليب الأدائية غير المقبولة في مراحل المنتج وصولاً إلى الفاعلية الاقتصادية، كما أن ضبط الجودة وسيلة للكشف عن العيوب وليس منع حدوثها فهذه الطريقة تقوم على متابعة المخرجات من قبل مشرفين أثناء الإنتاج أو بعد دفعة من المخرجات لتحري وجود عيوب في أحد وحداته.

- منع حدوث الأخطاء (العيوب) أو الوقاية منها بدلاً من الكشف عنها.

- التركيز على تطبيق أساليب موثقة على الأنشطة المنفذة في جميع مراحل تحقيق المخرجات حيث تعتبر عائلة المعايير العالمية (ISO 900) الطريقة المتفق عليها وبتطبيقها عالمياً، وبتطبيقها يمكن تلافي الوقوع في العيوب.

3. ضمان الجودة (Quality Assurance): وهي جميع الأنشطة المنهجية المخطط لها المطبقة ضمن نظام إدارة الجودة الشاملة ويتم إثباتها عند الحاجة وذلك من أجل زيادة الثقة بالمؤسسة.

4. تحسين الجودة (Quality Improvement): فهي عبارة عن العملية المتبعة من قبل المؤسسة التربوية لزيادة فاعلية الأنشطة للمؤسسة من تصميم وتخطيط ... الخ، وليس للتأكيد على العمليات فقط كما اقتصرت عليه أنظمة ضبط الجودة في ذلك الوقت ولكن ضبط الجودة الشاملة ركزت على المنتج والأنشطة والعمليات التي تساهم مباشرة في تحقيقه.

إدارة الجودة الشاملة في النظام التربوي:

الجودة في المؤسسات التربوية تعني التفوق في تقديم خدمات تربوية وتعليمية ترقى لمستوى توقعات وتطلعات الطلاب وبقية المستفيدين الحاضرة والمستقبلية، وذلك من خلال أداء العمل الصحيح بشكل صحيح من أول مرة وفي كل مرة، وتحسين وتطوير العمليات التربوية والتعليمية، والعمل بالأساليب والطرق العلمية الحديثة، والالتزام بمعايير قياس الأداء ، وبمشاركة تعاونية من جميع العاملين في كل مدرسة من إداريين ومعلمين وموظفين وأطراف أخرى في المجال التربوي التعليمي، لتحقيق أنموذج تطويري يقتدى به يتناول جميع جوانب العملية التربوية والتعليمية وفق سياسة وأهداف التعليم في المملكة الأردنية الهاشمية الهادفة إلى إعداد المواطن الصالح (الشرقاوي، 2002).

وشهد النصف الثاني من القرن العشرين- بصفة خاصة- جهوداً مكثفة من أجل الارتقاء بمستوى العملية التعليمية في المدرسة، وامتدت هذه الجهود رأسياً لتشمل الفرد منذ التحاقه برياض الأطفال وحتى بلوغه نهاية السلم التعليمي بالدرجة الجامعية وما بعدها، كما امتدت هذه الجهود أفقياً لتشمل كافة عناصر العملية التعليمية بدءا من المبنى المدرسي ومرافقه، والمناهج الدراسية وتطويرها، والعلم و إعداده، والإدارة المدرسية وتحديثها. ويجمع كل من يتابع مسيرة النظم التعليمية على أن غالبية الدول لا تدخر جهداً من أجل رفع مستوى العملية التعليمية، انطلاقا من أن الإنسان هو الاستثمار الأمثل، وأن بناءه لا يكون إلا بالتعليم الأجود. غير أنه رغم الجهد المبذول كثيراً ما تطرح علينا التساؤلات المثيرة للقلق والتي لا تسهل إجاباتها حول مخرجات التعليم ومستواه وجدواه. ولأن هذه التساؤلات أكبر وأهم وأخطر من أن تترك للأقوال المرسلة، ولأن التعليم يعتبر بحق وعن جدارة هو أحد بل وأهم أركان النهضة في أي مجتمع، فإنه لابد وأن يحاط بسياج من البحث العلمي الرصين لحمايته وتدعيمه وتطويره باستمرار.

وعلى هذا الأساس كان من الحتمي أن تكون نقطة البداية الصحيحة في محاولة إصلاح أي نظام تعليمي هي تقويم النظام التعليمي تقويما يكشف عن واقعه بلا مبالغة أو تهوين، ويوضح عناصر قوته وضعفه، ويحيط بكل جوانب العملية التعليمية من المعلم والمتعلم وموضوع التعلم والإدارة المدرسية والأنشطة وغيرها مما يسهم في مسار العملية التعليمية. ولقد شهد التقويم التربوي تحولا واضحا في مفاهيمه ومجالاته اعتبارا من بدايات النصف الثاني من القرن العشرين، حيث انتقل من نطاق محدود يدور حول تقويم الطالب في جانب أو أكثر من جوانب نموه إلى حركة مراجعة ومحاسبة شاملة للنظم التعليمية ومؤسساتها وبرامجها تستهدف التأكد من خلال البحوث العملية أو من خلال برامج التقويم المتكاملة أو من خلال إدارة الجودة الشاملة، من أن هذه المؤسسات والبرامج قد حققت أهدافها. ومن هنا كان

اللقاء الصحيح والمناسب بين عمليات التقويم الشامل للمؤسسات والنظم التربوية وعمليات إدارة الجودة الشاملة لهذه المؤسسات.

مفهوم الجودة ومفهوم المستفيد في المجال التربوي:

تزايد الاهتمام عالميا وعربيا اعتبارا من الثمانينيـات بجـودة التعليم، وتشـير الـدلائل إلى أن هـذا الاهتمام سـوف يتزايـد في المسـتقبل القريـب والبعيـد، وغالبـا مـا يتمحور هذا الاهتمام حول محاولة الإجابة على سؤالين رئيسيين هما:

● ما الجودة في التعليم؟

● من هو المستفيد في التعليم؟

فيما يتعلق بمفهوم الجودة في التعليم:

لقد تعددت تعريفات الجودة، ولازلنا نذكر كلمات ديمنج (إنها الوفاء بحاجات المستفيد حاليا ومستقبلا)، وكلمات جوران (إنها ما يتلاءم مع استخدامات المستفيد)، وكلمات كروسبى (إنها التطابق مع متطلبات المستفيدين)، وكلمات إيشكاوا (المنتج الجيد هو المنتج الأكثر اقتصادية والأكثر فائدة وما يرضى المستفيد دوماً).

وتؤكد هذه التعريفات جميعها على أهمية رضا المستفيد وعلى استمرارية محاولات تحسين المنتج، فهل ينطبق ذلك على التعليم؟

ويعرف البعض الجودة في التعليم بأنها (ما يجعل التعليم متعة وبهجة) وبطبيعة الحال فإن البهجة والمتعة هي أمور متغيرة أو قابلة للتغير، إذ أن ما يعتبر ممتعا ومشوقا ومبهجا في موقف ما أو في عمر ما قد لا يكون كذلك في موقف آخر، أو في مرحلة عمرية أخرى، وعلى هذا الأساس فإن المدرسة التي تقدم تعليماً يتسم بالجودة هي المدرسة التي تجعل طلابها متشوقين لعملية التعليم والتعلم مشاركين فيه بشكل إيجابي نشط ومحققين من خلاله اكتشافاتهم وإبداعاتهم النابعة من استعداداتهم وقدراتهم والملبية لحاجاتهم ومطالب نموهم (درباس، 1994).

أن الجودة في التعليم هي مجمل السمات والخصائص التي تتعلق بالخدمة التعليمية وهى التي تستطيع أن تفي باحتياجات الطلاب، أو هي جملة الجهود المبذولة من قبل العاملين في مجال التعليم لرفع وتحسين وحدة المنتج التعليمي، وبما يتناسب مع رغبات المستفيد ومع قدرات وسمات وخصائص وحدة المنتج التعليمي.

فيما يتعلق بالمستفيد في التعليم:

لعل أصعب ما يواجه إدارة الجودة الشاملة في التعليم هو محاولة الإجابة على السؤال الخاص بتحديد المستفيد في التعليم، ذلك لأن هذا المستفيد قد يكون الطالب المتعلم، وقد يكون جهة العمل التي سيلتحق بها هذا الطالب عقب تخرجه، وقد يكون الآباء وأولياء الأمور أصحاب المصلحة المباشرة في تعلم أبنهم، وقد يكون المجتمع المحلى المستفيد من جهد هذا الطالب، وقد يكون المجتمع بأسره مستقبلا، وقد يكون المعلم الذي تتولاه كافة الأجهزة التعليمية المسئولة بالرعاية والتنمية، وقد تكون الإدارة المدرسية المتطورة استجابة لحاجات ومتطلبات العملية التعليمية (البيلاوي، 1996).

وإذا كانت الجودة تتحدد طبقاً لتعريفات روادها في رضا المستفيد سواء كان ذلك في الصناعة أو التجارة أو التعليم، فإن الإجابة على السؤال من هو المستفيد بالنسبة للعملية التعليمية يعتبر هو السؤال الأولى بالإجابة، لأنه على ضوء تحديد هذا المستفيد وعلى ضوء التعرف على سماته وخصائصه وصفاته، وعلى ضوء تحديد استعداداته وقدراته وإمكاناته يمكن أن تتحدد المناهج والبرامج وطرق التدريس والأنشطة وأساليب التعامل وغيرها من القواعد والنظم والإجراءات المدرسية.

إن نقل إدارة الجودة الشاملة من مجال الصناعة إلى مجال التعليم تقتضى- أن نضع في اعتبارنا أن هناك فروقا بين المجالين، وأنه رغم الاتفاق في المبادئ

الأساسية في إدارة الجودة الشاملة في مجـال الصنـاعة والتعليم إلا أن هنـاك فروقا يحتمها التطبيق ومنها على سبيل المثال:

- أن المدرسة ليست مصنعا.

- أن الطلاب ليسوا منتجات إلا بقدر ما اكتسبوا من تعلم.

- أن الإنتاج في التعليم هو تعليم الطلاب وليس الطلاب أنفسهم.

- تعدد نوعية المستفيدين في العملية التعليمية.

- وجوب اشتراك الطلاب في تعليم أنفسهم فهم مُنتِج ومُنتَج.

- عدم وجود فرصة لعملية استرجاع المنتج.

- المنتج التعليمي له طبيعة معينة في تكوينه وله طبيعة فريدة في خصائصه.

- تعدد نوعيات المنتج التعليمي في العملية التعليمية الواحدة.

- عدم إمكانيـة التحكـم في مدخلات العمليـة التعليميـة المؤثرة على إعـداد المنتج التعليمي.

وفي ضوء هذه الفروق الجوهرية بين التعليم وبين الصناعة فإنـه من الطبيعـي أن تأخذ إدارة الجودة الشاملة مساراً إجرائيا مختلفاً مع الحفاظ على ذات الأهداف المنشودة منها.

ب. مبادئ إدارة الجودة الشاملة في المجال التربوي:

تواجه المدرسة المقبلة على تطبيق نظام إدارة الجودة الشاملة جملة من التحديات المتشابكة مثل إعادة النظر في أهداف المدرسة وتحديد أدوارهـا، وتنظيم مسئوليات العمل فيها، وتوفير البيانات المستمدة من الممارسات والأبحاث لتوجيه السياسات والأداء، وكذلك تخطيط وتنفيذ سلسلة متصلة مـن أعمـال التـدريب سواء برامج التنمية المهنية أو السلوك القيادي في مختلف المستويات وذلك من أجل

الوصول إلى تحسين جوانب العمل والمناخ المحيط بالأداء التدريسيـ وحتى تكون المدرسة وسيلة حياة جديدة في مجتمع جديد. والمدرسة مطالبة ببذل الجهد الوفير وتخصيص الوقت الكافي ومتابعة التغير بعين يقظة حتى تتمكن من الأخذ بمبادئ إدارة الجودة الشاملة والمتمثلة في:

1- تحقيق رضا المستفيد.

2- إجراء التقييم الذاتي وصولا لتحسين الأداء.

3- الأخذ بأساليب العمل الجماعي وتشكيل فرق العمل.

4- جمع البيانات الإحصائية وتوظيفها بشكل مستمر.

5- تفويض السلطات والعمل بالمشاركة.

6- إيجاد بيئة تساعد على التوحد والتغير.

7- إرساء نظام للعمليات المستمرة.

8- القيادة التربوية الفعالة.

إن هذه المبادئ وإن كانت لا تختلف كثيرا في المجال التربوي عنها في المجالات الصناعية والتجارية وغيرها، إلا أنها تستلزم في المجال التربوي تطبيقات تتفق مع البيئة التعليمية بما فيها من متعلمين ومعلمين وإدارة مدرسية وبما لديها من موارد وما تواجهه من تحديات.

وهذا ما نتعرض له فيما يلي:

1- تحقيق رضا المستفيد:

تركز إدارة الجودة الشاملة على تحقيق رضا المستفيد باعتباره أساس الجودة، ويتطلب الأمر تحديد مسبق لمن هو المستفيد، وما هي احتياجاته، حتى يمكن تصميم المنتج الذي يلبى هذه الاحتياجات.

وللقيام بذلك هناك عدة خطوات ينبغي إتباعها وهى:

- التعرف على المستفيدين.

- ترجمة الاحتياجات إلى معايير جودة للمخرجات.

- تصميم العمليات الموصلة لإنتاج مخرجات تستوفى شرط المعايير المذكورة.

- تنفيذ العمليات مع مراقبة ومتابعة مسارات التنفيذ.

- تقييم الخطوات السابقة مع التدخل الفوري لتصحيح أية عيوب أو خلل يظهر في التنفيذ.

ومن الجدير بالذكر في هذا الصدد أنه في إدارة الجودة الشاملة يتم التمييز بين المستفيد الداخلي والمستفيد الخارجي، فالمستفيد الداخلي هو كل من يشترك في عملية الإنتاج أو تقديم الخدمة (وهو بالنسبة للعملية التعليمية يتمثل في الطالب والمعلم والإدارة وكل من يعمل في المدرسة)، وهو يعتبر عميلا داخليا لأنه يستقبل ويتأثر بعمل الغير ثم أنه يعمل ويؤثر في عمل غيره داخل العملية التعليمية في شكل سلسلة متتابعة من الأعمال القائمة على التأثير المتبادل بين الأطراف أو بين المستفيدين الداخليين الذين يضيف كل منهم بعمله قيمة للمنتج النهائي وبطبيعة الحال فإنه يمكن القول بإمكانية الوصول إلى درجة عالية من رضا المستفيد الداخلي إذا أدى كل طرف دوره في العمل على أفضل وجه قبل أن يسلمه إلى المستفيد التالي.

أما المستفيد الخارجي فهو الشخص أو الأشخاص أو الجهة أو المجتمع الذي يستفيد في النهاية من المنتج أو الخدمة بشكل مباشر أو غير مباشر وهو الحكم الأخير للجودة.

2- التقييم الذاتي وتحسين الأداء:

يعد التقييم الذاتي ركيزة أساسية من أجل تحسين الأداء وذلك عن طريق قياس أداء الفرد والمؤسسة. وتؤكد إدارة الجودة الشاملة على التقييم الذاتي كطريق يؤدي إلى التحسين المستمر. ويفسر الباحثون أهمية التقييم الذاتي في المؤسسات التي تتبع نظام إدارة الجودة الشاملة بالقول بأن (الفارق الأساسي بين الأفراد الناجحين والأفراد غير الناجحين هو أن الأفراد الناجحين غالباً ما يقومون بتقييم سلوكهم مع المحاولة الدائمة لتحسين ما يقومون به). أما الأفراد غير الناجحين فغالباً ما يقومون بتقييم سلوك الآخرين ، ويقضون وقتهم في الانتقاد والشكوى وإصدار الأحكام في محاولة لإجبارهم على تحسين ما يقومون به، لذا فإن إدارة الجودة الشاملة في حاجة إلى أفراد ناجحين يقيمون سلوكهم قبل أن يقيموا سلوك الآخرين ، ويحسنوا من أدائهم قبل أن يطالبوا بتحسين أداء الغير.

إن ممارسة التقييم الذاتي على مستوى الأفراد وعلى مستوى المؤسسة في المؤسسات التي تتبع إدارة الجودة الشاملة من شأنه أن يثير العديد من القضايا ذات الصلة المباشرة بتحسين الأداء، ومنه على سبيل المثال لا الحصر، قضايا التدريب، ودوائر أو حلقات الجودة، والبحوث العلمية، والاتصال وغيرها. وهذا من شأنه أن يجعل المؤسسة مؤسسة تعلم بحيث يكون الأفراد والعمليات والأنظمة جميعاً مكرسين من أجل تحسين دائم متواصل.

وبالإضافة إلى ذلك فإن التقييم الذاتي على مستوى الإدارة العليا غالباً ما يؤدي إلى أن تتبنى الإدارة المدرسية لعب دورين هامين يضافان إلى أدوارها المتعددة وهي:

- توفير الإدارة المناسبة للازمات في المجالات التي تنشأ فيها المشكلات.

- تطوير وتنمية العاملين الذين يسعون بطريقة إيجابية نحو الفرص التي تنقلهم إلى أسلوب آخر للتشغيل.

3- العمل الجماعي وتشكيل فرق العمل:

يعتبر العمل الجماعي من السمات المميزة لتطبيق مبادئ إدارة الجودة الشاملة، وكلما ساد المدرسة مفهوم العمل الجماعي، وكلما سانده المديرون، كلما دعم ذلك من ثقافة الجودة في المدرسة، وذلك انطلاقا من أن فاعلية المجموع أعظم من مجموع فعاليات الأفراد كل على حدة، وأن التعاون وروح الفريق القائمة على الانفتاح والإحترام المتبادل والإنتماء وإنصهار الفرد في المجموع من شأنها جميعاً أن توفر المناخ المدرسي الذي تنشده إدارة الجودة الشاملة، مما يجعل المدرسة قادرة على تحديد عملائها وطرق قياس مستويات رضاهم، وبالتالي تحديد مخرجاتها ومستويات الجودة الخاصة بهم، وكذلك تحديد ما يلزم من تحسين مستمر وكيف يمكن إتمامه مع إمكانية مواجهة المشكلات بأنسب الحلول . وذلك من خلال:

- مشاركة المزيد من الأفراد في اتخاذ القرارات مما يزيد من احتمالية تنفيذ هذه القرارات.
- تبادل وبلورة المعلومات والخبرات من خلال مشاركة العاملين لبعضهم البعض في فرق العمل.
- إيجاد فرص أفضل لاحتواء الأخطاء وتصحيحها وتقبل المخاطرة والتقدم للأمام بروح الفريق.

4- الجمع المستمر للبيانات الإحصائية وتوظيفها:

تهتم إدارة الجودة الشاملة بمتابعة عمليات الإنتاج عن طريق الجمع المتواصل للبيانات الإحصائية وتفسيرها وتحليلها حتى يمكن تحديد ومواجهة المشكلات فور ظهورها بدلا من الانتظار حتى تفاقمها ثم محاولة حلها.

والبيانات الجيدة هي البيانات الموثوق فيها والمقننة والتي يتم الحصول عليها في الوقت المناسب بشرط أن تكون مرتبطة بالواقع ومعبرة عنه.

ومن البيانات الهامة التي تحرص إدارة الجودة الشاملة على توفيرها بالنسبة للمدرسة البيانات الخاصة بالطالب واحتياجاته واستعداداته وقدراته وأدائه سواء فيما يتعلق بالتحصيل أو المشاركة في الأنشطة أو علاقاته بزملائه ومعلميه وبالإدارة المدرسية. وبنفس الطريقة البيانات الخاصة بالمعلمين والعاملين في المدرسة ثم العمليات التي تتم داخل المدرسة في مجال التدريس والتوجيه والإرشاد والتقويم وخدمة البيئة وغيرها مما يوفر صورة متكاملة عما يمكن قياسه من مواصفات المدرسة.

5- تفويض السلطة:

هناك اتفاق على أن نجاح إدارة الجودة الشاملة يتوقف على مشاركة العاملين بمختلف مستوياتهم، وهذه المشاركة هي لون من ألوان تفويض السلطة. وبالنسبة للمدرسة فإن المدير الناجح هو الذي يقوم بتنظيم بيئة العمل من أجل أن يشاركه السلطة المدرسون والطلاب، إذ أنه بانتقال السلطة إلى المدرس يقوم باتخاذ القرارات باتصال وثيق مع طلابه وليس فقط مع الإدارة المدرسية.

ويمكن أن يتم تفويض السلطة على مستويين، إما للأفراد مباشرة أو لفرق العمل، ومن المؤكد أن التفويض لفرق العمل يكون أجدى من الأفراد، وفي كلتا الحالتين فإنه من المتوقع أن يؤدى التفويض إلى مزيد من الإسراع في مواجهة المشكلات والمزيد من الابتكارات والإبداع والاندماج في عملية صياغة أهداف الجودة المنشودة.

6- إيجاد بيئة تساعد على التوحد والتغيير:

تنظر إدارة الجودة الشاملة إلى الأفراد باعتبارهم أساس العمليات المحققة للجودة، والى مشاركتهم الكاملة بكل طاقاتهم وقدراتهم باعتبارهما الأسلوب الأمثل للوصول للأهداف المنشودة. وعلى هذا الأساس فإن الأفراد في المدرسة من الطالب إلى المعلم إلى الإدارة المدرسية وكل العاملين في المدرسة هم العامل الحاسم في

نجاح المدرسة. وإذا ما توحدت رؤية هؤلاء الأفراد نحو الأهداف البعيدة والقريبة، ونحو السياسات والاستراتيجيات، ونحو الموارد وكيفية استخدامها، وذلك من خلال المناقشات الحرة المفتوحة دونما قيود، ومن خلال المشاركة الفعالة في السلطات وتحمل المسئوليات.

ومن خلال معرفة كل منهم لدوره ومهامه وما عليه من واجبات فإن المتوقع أن تنصهر جهود هؤلاء الأفراد في بوتقة واحدة لتصب في مسار تحقيق أهداف المدرسة. ونفس هؤلاء الأفراد وفرق العمل التي ينضوون في إطارها، ومرة أخرى من خلال المناقشات وتبادل الخبرات فيما بينهم دون قيود ولا تحفظات، هم الأقدر على استشعار جوانب النقص أو الخلل التي قد تعترى الأداء في أي من مراحل العمل ثم المبادرة إلى اتخاذ ما يلزم لتصحيح وسد هذه النواقص، وهم الأقدر على اكتشاف المشكلات وتحديدها وتحليلها ووضع الحلول المناسبة لها ومن ثم تبنى وإستحداث ما يلزم من تغيير في أساليب وطرق العمل على مختلف الجبهات.

7- إرساء نظام العمليات المستمرة:

المقصود بنظام العمليات المستمرة هو النظر إلى المدرسة (أو أي مؤسسة أخرى) كنظام، والى ما يقوم به العاملون فيها كعمليات مستمرة، وبالتالي فإن أي إصلاح مدرسي ينبغي أن يبدأ من تحسين هذه العمليات، ليس هذا فحسب بل من الاستمرار في تحسينها على أساس من معايير الجودة المتفق عليها بالنسبة لهذه المدرسة، وبدلا من التركيز على مخرجات العملية التعليمية ينبغي التركيز على العمليات المؤدية لهذه المخرجات.

8- الإدارة التربوية الفعالة:

المطلوب من الإدارة التربوية في إدارة الجودة الشاملة هو توفير مناخ مدرسي مناسب لثقافة الجودة ينعكس على معلمي المدرسة ليعكسوه بدورهم داخل

القطاعـات وفي المواقـف التدريسـية ويمكـن أن يـتم ذلـك مـن خـلال تحديـد اتجاهات التغيير الثقافي المطلوب وتطويـر لغـة مشـتركة تناسـبه والمبـادرة إلى التـدريب وأساليب التنمية والتطوير المتاحـة لتـوفير الأرضية الصالحة لتشـغيل عمليـات تتسـم بالجودة مع توقع ضرورة إحداث تغييرات ذات طبيعة فلسفية وعمليـة يقتضيها نظام إدارة الجودة الشاملة (البكر، 2001).

الركائز الأساسية لتطبيق إدارة الجودة الشاملة في المؤسسات التربوية:

1. جودة الطالب.

2. جودة البرامج التعليمية على مستوى الطلبة.

3. جودة المعلم.

4. جودة طرق التدريس.

5. جودة الكتاب المدرسي.

6. جودة القاعات التعليمية وتجهيزاتها.

7. جودة الإدارة المدرسية.

8. جودة اللوائح والتشريعات.

9. جودة التمويل.

10. جودة تقييم الأداء.

كما يرى إبراهيم (2003) أن تلك المحاور يجب أن تشمل:

– تحديد احتياجات المجتمع.

– الهيكل التنظيمي للمؤسسات التربوية.

– الفلسفة الإدارية للمؤسسات التربوية.

مبررات تطبيق نظام إدارة الجودة الشاملة في المؤسسات التربوية:

− ارتباط الجودة بالإنتاجية.

− اتصاف نظام الجودة بالشمولية في كافة المجالات.

− عالمية نظام الجودة وهي سمة من سمات الإدارة في العصر الحديث.

− عدم جدوى بعض الأنظمة والأساليب الإدارية السائدة في تحقيق الجودة المطلوبة.

− نجـاح تطبيـق نظام إدارة الجـودة الشـاملة في العديـد مـن المؤسسات التعليمية.

فوائد تطبيق إدارة الجودة الشاملة في التربية والتعليم (**الرجب**، 2001):

− تركيز جهود المؤسسات التربوية على إشباع الاحتياجـات الحقيقيـة للمجتمع الذي تخدمه.

− تحسين الأداء في جميع مجالات عمل المؤسسات التربوية.

− إنشاء أنظمة تحدد كيفية تنفيذ العمل بأفضل كفاءة وجودة.

− تقويم وقياس الأداء.

− وضع معايير لقياس الأداء.

− تمكن مؤسسات التعليم العام من القدرة على المنافسة.

− تطوير أسلوب العمل الجماعي عن طريق فرق العمل.

− تحسين مستوى الاتصالات.

مراحل تطبيق إدارة الجودة الشاملة في المؤسسات التربوية (**أبو الوفا، 1998**):

1- مرحلة الإقناع وتبني الإدارة فلسفة الجودة الشاملة وفي هذه المرحلة رغبتها في تطبيق نظام الجودة الشاملة، ومن هذا المنطلق يبدأ القادة التربويين بالمؤسسة بتلقي برامج تدريبية متخصصة عن مفهوم النظام ومتطلباته والمبادئ التي يستند إليها.

2- مرحلة التخطيط، وفيها يتم وضع الخطط التفصيلية للتنفيذ وتحديد الهيكل الدائم والموارد اللازمة لتطبيق النظام.

3- مرحلة التقويم وغالباً ما تبدأ عملية التقويم ببعض التساؤلات الهامة والتي يمكن في ضوء الإجابة عليها تهيئة الأرضية المناسبة للبدء في تطبيق إدارة الجودة الشاملة.

4- مرحلة التنفيذ في هذه المرحلة يتم اختيار الأفراد الذين سيعهد إليهم بعملية التنفيذ ويتم تدريبهم على احدث وسائل التدريب المتعلقة بإدارة الجودة الشاملة.

5- مرحلة تبادل ونشر الخبرات وفي هذه المرحلة يتم استثمار الخبرات والنجاحات التي يتم تحقيقها من تطبيق نظام إدارة الجودة الشاملة.

أما في مجال التعليم فإن الأخذ بهذا المفهوم لا يزال حديثاً، فحتى عام 1993 لم يزد عدد المؤسسات التعليمية الآخذة به على 220 مؤسسة تربوية في الولايات المتحدة الأمريكية، ولكن هذا العدد آخذ بالزيادة الآن (Lewis, 1994, p. 17-19) وفي العالم العربي يصعب التكهن بعدد الدول التي تطبق مبادئ إدارة الجودة لشاملة في المؤسسات التربوية، مع العلم بأن هناك عدداً لا يستهان به من الدول العربية بدأت تأخذ على عاتقها الالتزام بتطبيق مفاهيم الجودة الشاملة في برامجها وسياساتها وأهدافها التعليمية (العلوي، 1998، ص16).

إطار العمل بتطبيق إدارة الجودة الشاملة في المؤسسات التربوية:

تعمل الجودة الشاملة عـلى تطوير جميـع جوانـب العمـل الإداري والأكاديمي على مستوى المدارس، وبالتالي تساعد على إحـداث تغيـير متكامل يسـهل رفـع الكفـاءة بشكل عام حيث إن تطوير جزء أو خدمة معينة وبقاء الأجزاء والخدمات الأخرى كـما هي تعيق أو قد يمنع أي تطبيق لأي تغيير جزئي، وتحفيـز جميـع المعلمـين للاشـتراك في التطوير ورفع الكفاءة لإحداث أي تغيير حقيقي في المدارس نحو الأفضل؛ وتشمل جميع النشاطات التطويرية سواء التي تتم الآن كوضع رسالة ورؤية للمؤسسـات التربويـة أو التي سيتم إجرائها وبذلك توفر هيكلاً متناسقاً يوحد ويوجه جميع هـذه الجهـود نحـو هدف واحد وبدون هذا الهيكل قد تتضارب هذه الجهود (الكيلاني، 1998).

رؤية وزارة التربية والتعليم لإدارة الجودة الشاملة:

أن تكون جميع المؤسسات التربوية الأردنية متفوقة سريعة النمو، تقدم خدمات تربوية وتعليمية متنوعة ذات جودة عالية ترقى إلى تطلعات المستفيدين الحاضرة والمستقبلية، هادفة إلى تحسين مستوى الأداء والمساهمة في تحقيق النقلة النوعية للتعليم، والوفاء بالتزاماتنا تجاه سياسة وأهداف التعليم في الأردن. (وزارة التربية والتعليم الأردنية، 2007).

سياسـة الجـودة:

تدرك وزارة التربية والتعليم الأردنية (2002) مسؤوليتها نحو تقديم خدمات تربوية وتعليمية ذات جودة عالية بما يرتقي إلى تحقيق طموحات المستفيدين ويتخطى توقعاتهم عن طريق:

1- التطبيق الفاعل للنظام التعليمي العام بما يواكب نظام إدارة الجودة الشاملة.

2- العناية الفائقة بالطالب باعتباره محور العملية التربوية.

3- العناية بالمدخلات والتحسين المستمر للعمليات وصولا إلى المخرجات المنشودة.

4- تحسين مستوى الأداء للعاملين في جميع المؤسسات التربوية الحكومية التابعة لوزارة التربية والتعليم الأردنية.

5- تهيئة البيئة المدرسية وتشجيع جميع المبادرات والأساليب الأجدى لتفعيـل النظام.

الهدف العام لتطبيق إدارة الجودة الشاملة في وزارة التربية والتعليم الأردنية:

تسعى وزارة التربية والتعليم إلى نشر مفهوم نظام إدارة الجودة الشاملة، وبناء الثقافة التنظيمية للأفراد بإبعادها الإدارية والفنية، لتفعيل النظام التعليمي العام وفـق سمات ومبادئ الجودة الشاملة وبما يحقق توقعـات المسـتفيدين الحاضرة والمستقبلية (وزارة التربية والتعليم الأردنية، 2002).

متطلبات نجاح تطبيق نظام إدارة الجودة الشاملة في التربية:

أكد زين الدين، (1996) على تطبيق نظام إدارة الجودة الشاملة في المؤسسـات التربوية التابعة لوزارة التربية والتعليم الأردنية مجموعة من المتطلبـات الأساسـية التـي تخطط لها الإدارة، ويتعامل معها الأفراد، حتى تحقق عملية تطبيق الأهداف المرجوة والنجاحات المتوقعة، ومن أهم متطلبات التطبيق في المؤسسات التربوية ما يلي:

1- التركيز على الخدمات التي ترتقي إلى توقعات وتطلعات المستفيد.

2- القيادة الإدارية المتميزة المتحمسة لتطبيق نظام إدارة الجودة الشاملة.

3- وجود بيئة مدرسية ملائمة لتطبيق النظام تتـوفر بها الإمكانـات المناسـبة ويسود بين أفرادها التعاون والحماس والرغبة في المشاركة الفاعلة لتطبيـق النظام والسعي المستمر لتطوير المهارات والقدرات.

4- نشر مفهوم وثقافة نظام إدارة الجودة الشاملة بين كافة المستفيدين وتدعيم الاتصال الفاعل المستمر بينهم.

5- تأسيس نظام معلومات دقيق لإدارة الجودة الشاملة.

6- تقديم الدعم والمساندة من الإدارة العليا ممثلة بوزارة التربية والتعليم.

7- إدارة فعالة للموارد المادية والبشرية المتاحة للوزارة والمؤسسات التابعة لها.

8- تعليم وتدريب مستمر لكافة الأفراد العاملين في الوزارة والميدان من مدرسين وإداريين على نظام إدارة الجودة الشاملة.

9- تحفيز العاملين في الميدان وتقدير الإنجازات والمبادرات الناجحة.

المواصفات القياسية الدولية لنظام الآيزو (ISO 9000):

آيزو (ISO 9000) هو مصطلح عام لسلسلة من المعايير التي تم وضعها من قبل الهيئة الدولية للمواصفات القياسية (ISO). International Standarrrdization Organization لاستيفاء متطلبات تلك المعايير أو المواصفات التي ينبغي تطبيقها على القطاعات الصناعية والخدمية المختلفة. وكلمة آيزو مشتقة من كلمة يونانية تعني التساوي، والرقم 9000 هو رقم الإصدار الذي صدر تحته هذا المعيار أو المواصفة. وقد نالت مواصفة الآيزو9000 منذ صدورها عام 1978 اهتماما بالغا لم تنله أية مواصفة قياسية دولية من قبل. وتتكون المواصفات القياسية الدولية (آيزو 9000) من خمس مواصفات خاصة بإدارة وتوكيد الجودة الشاملة كما وردت في عليمات، (2004) وهي:

1- نظام آيزو 9000: وهي المرشد الذي يحدد مجالات تطبيق كل من أيزو9001 وآيزو 9002 وآيزو 9003.

2- نظام آيزو 9001: يختص بالمؤسسات التي تقوم بالتصميم والتطوير والإنتاج والتركيب والخدمات.

3- نظام آيزو9002: ويختص بالمؤسسات التي تقوم بالإنتاج والتركيب والخدمات، وحيث أن المدارس كمؤسسات تعليمية لا تقوم بتصميم المناهج فهي تخضع لنظام المواصفات آيزو 9002.

4- نظام آيزو 9003: يختص بالورش الصغيرة فهي لا تصمم منتجاتها، وتقوم بعملية التجميع ويمكن ضمان جودة منتجاتها بالتفتيش على المراحل النهائية للمنتجات (عليمات، 2004).

5- نظام آيزو 9004: هي عبارة عن نظام متكامل يتكون من مجموعة من المعايير والمقاييس المتعلقة بنشاطات المؤسسة التربوية، والتي يتم وضعها من قبل المنظمة الدولية للمقاييس (المعايرة) لتقوم بدورها بمنح شهادات لهذه المؤسسة في ضوء مدى توفر هذه المعايير لديها وتشترط شهادة الآيزو ضرورة احتفاظ المؤسسات التربوية بما يسمى (سجلات الجودة).

6- 1400 آيزو: بيئة نظيفة من الملوثات نظرا للتطور التكنولوجي وخلوها من الفيروسات (إلكترونك) Electronics.

أهمية تطبيق الآيزو (ISO 9000):

1- تحقيق الاستقرار والثبات للمؤسسة التربوية وتحقيق ثقة عالمية بالخدمات التربوية التي تقدمها وزارة التربية والتعليم إلى الطلاب.

2- تحقيق الهدف العام من قبل المؤسسات التربوية على صعيد الخدمة المقدمة للزبون.

3- توفير لغة ومصطلحات مشتركة وواضحة على الصعيد الدولي.

4- إتاحة الفرصة الواسعة أمام الأنشطة التربوية لدخول الأسواق العالمية بقدرة فاعلية وكفاءة عالمية.

5- إطالة العمر الاقتصادي للمؤسسات التربوية نتيجة تزايد الثقة بالخدمات التي تقدمها المؤسسات التربوية وجودة مخرجاتها.

6- تشكيل الأنظمة الثابتة للجودة في المؤسسات التربوية وإتاحة فرص اعتمادها في استخدام إدارة الجودة الشاملة.

7- رفع كفاءة وفاعلية الأنظمة والعمليات والمخرجات داخل المؤسسة التربوية بصورة عامة.

8- تنمية ثقة المتعاملين مع المؤسسات التربوية من خلال توفير الجودة المناسبة لمخرجاتها.

مواصفات آيزو 9002 :

يتضمن هذا المقياس عشرين بندا تمثل مجموعة متكاملة من المتطلبات الواجب توفرها في نظام الجودة المطبق في المؤسسات التعليمية للوصول إلى خدمة تعليمية عالية الجودة، والمناسب منها للتطبيق في مدارس التعليم العام ثمانية عشر بندا وهي على النحو التالي:

مسؤولية الإدارة العليا، نظام الجودة، قبول وتسجيل الطلبة، ضبط الوثائق والبيانات، الشراء، الرعاية والعناية بالطلاب، تمييز وتتبع العملية التعليمية للطلاب، ضبط ومراقبة العملية التعليمية، الاختبارات، ضبط تقييم الطلاب، الإجراءات التصحيحية والوقائية، ضبط السجلات، المراجعة الداخلية للجودة، التدريب، تحليل الاختبارات، الأساليب الإحصائية، تخطيط وتنفيذ الدروس، شكاوى أولياء أمور الطلبة، متابعة أداء المعلم، حفظ الكتب والمستلزمات المدرسية، السلامة العامة في المختبرات (قرة، 2002).

المواصفات الجديدة آيزو :2000:9001

إن إعداد المواصفات القياسية الدولية يتم من خلال لجان فنية بالمنظمة الدولية للتوحيد القياسي (ISO)، وتمثل المواصفات الجديدة آيزو 9001 : 2000 التحديث الفني للإصدارات ا لسابقة، وقد صدرت هذه المواصفة في منتصف الشهر الأخير من عام 2000 وهي دمج للمواصفات (9001، 9002، 9003) بعضها مع بعض وجعلها معيارا واحدا، يتمثل في المواصفة الجديدة آيزو9001: 2000.

تطبيق هذه المواصفة في مجال الخدمات التربوية:

1- التركيز على التحسين المستمر للعمليات الخاصة بنظام الجودة."التقويم المستمر: للإجراءات- المراجعات- تحليل البيانات.. ."

2- التركيز على التحسين المستمر للعمليات التربوية من حيث الإعداد والأداء.

3- تقييم رضا العملاء للحصول على معلومات رئيسة للتحسين.

4- العناية بالأهداف (أن تكون الأهداف قابلة للقياس).

5- الاهتمام ببيئة العمل والبنية التحتية والعناية بالممتلكات.

6- تعيين ذوي الكفاءة للقيام بمهام التدريب لرفع مستوى أداء المعلمين في المؤسسات التربوية (ريشاردل. و يليامز.1999).

نلاحظ مما سبق أن تطبيق نظام إدارة الجودة الشاملة في المؤسسات التربوية العامة لا يقصد به فقط إجراء تعديلات أو إدخال تحسينات على مختلف البرامج والعمليات التربوية والتعليمية ولكن الأهم من ذلك كله إحداث تغيير حقيقي في نظرة الأفراد العاملين نحو كيفية أداء الأعمال أي الطريقة أو الممارسة اليومية التي يؤدى بها العمل الصحيح بجودة وإتقان بصفة مستمرة، وفق ديننا الإسلامي الحنيف وبما يتماشى مع سياسة التعليم في الأردن.

إن النظرة الثاقبة لبناء نظام جودة فعال وشامل في المجال التربوي والتعليمي، والتوجه لتطبيق نظام إدارة الجودة الشاملة في مدارسنا يحتم علينا أن تكون الجودة هي لغة ورسالة وعمل كل فرد في المؤسسة التربوية بصرف النظر عن موقعه وطبيعة عمله، وألا ينظر إلى الجودة من تلك الزاوية الضيقة وهي أنها أسلوب اختبار وفحص نهائي بل لابد أن ينظر إليها كجزء مرتبط بكامل جوانب العملية التربوية والتعليمية وإنها أساس ديني وانتماء وطني ومطلب وظيفي. ومما يلزم تأكيده هو أن تطبيق هذا النظام يتطلب الوقت والأناة والفهم العميق لمحتواه والاستعداد لتبنيه ورعايته ودعمه من الإدارة العليا للمؤسسة التربوية عبر مراحل البناء والتشغيل فالجودة استثمار طويل الأجل وليست بلسما شافيا أو مادة علمية جاهزة إنها تنبع من الأفراد كل الأفراد (جويلي، 2002).

التمكين الإداري وإدارة الجودة الشاملة:

تعد المشاركة من المبادئ الأساسية لنجاح إدارة الجودة الشاملة، ويمكن تأثيرها في إيجاد عمل مشترك ما بين الرؤساء المرؤوسين في المؤسسة التربوية، وتعد برنامج تحفيزي مصمم لتحسين الأداء ويعتبرها المعلمون دافع قوي نحو المشاركة في نشاطات إدارة الجودة الشاملة (Zaira, & Baidoun, 2003).

ويمكن أن يكون التمكين من خلال عملية الاختيار والتدريب المطلوبة لتزويد المديرين والمعلمين بالمهارات اللازمة وترسخ إستراتيجية التمكين الحس لدى المعلمين بالولاء والانتماء وتطوير الرؤية التي يمكن أن تخلق مناخ المشاركة، وتهيئ الظروف المساعدة للتمكين الإداري التي عن طريقها يستطيع المعلمين أن يأخذوا على عاتقهم السلطة لاتخاذ القرارات التي تعمل على تحقيق الرؤية، وتتطلب أيضا إستراتيجية مؤسساتية واضحة، وهيكلا تنظيميا يعزز الشعور بالمسؤولية وتطوير المهارات، وإبقاء قنوات الاتصال مفتوحة، وتوجيه وتدريب المعلمين، إذ أن المعلمين لبنة أساسية للتحسين والتطوير والتغيير التربوي. وإن إدراك المديرين

والمعلمين لمعنى التمكين يعزز الإخلاص لديهم وتكريس أنفسهم للاهتمام بالمستهلكين (الطلاب) والآخرين وتعزيز الرضا لديهم (Greasley, 2005).

وأشار جنودو (Ginnodo) بأن التحول من الإدارة التقليدية الى الاندماج ينتج من إدراك المعلمين بأنهم يشاركون في حل المشكلات، وإن الاندماج يتحول الى التمكين. والهدف منه هو الحصول على إنتاجية أكبر وجودة أفضل ورضا الطالب، وإن التمكين يعني تعظيم وتعزيز الأداء الكلي في المؤسسة التربوية، ومنح الفرصة لأي فرد في المؤسسات التربوية للمشاركة في محيط مناسب لإدارة الجودة، ويمكن أن يحقق النجاح ويمنح سلطة دفع اتخاذ القرارات في انجاز الأعمال.

إن تنفيذ برنامج لتمكين المديرين والمعلمين ليست بالعملية السهلة، وإنما هي عملية متشابكة في عناصرها متداخلة في مكوناتها وأبعادها ويعتمد نجاحها بالدرجة الأولى على الثقة في الأفراد، فالمديرين بحاجة لتغيير الأدوار التقليدية وإتباع أساليب وسلوكيات تشجع على تمكين المعلمين كتفويض المسؤوليات، وتعزيز قدرات المرؤوسين على التفكير بمفردهم، وتشجيعهم لطرح أفكار جديدة وإبداعية، وتشجيع المعلمين على الاستجابة للمشكلات المتعلقة بالجودة وتزويدهم بالمصادر وتفويض السلطات لهم(Ugboro & Kofi, 2000).

وتدعم عملية التمكين إدارة الجودة من خلال المشاركة والتي هي جزء أساسي لثقافة إدارة الجودة الشاملة. وتتضمن هذه العملية منح المعلمين الدافعية والوسائل اللازمة لتحسين كل العمليات وباستمرار ولقد وجد دواسون وبلامر (Dawson & Palmer, 1994) بأنه يوجد أربعة سلوكات تحفيزية إدارية تحقق هذا الهدف وهي: الحفاظ على احترام الذات لدى المعلم. والاستجابة له بعطف ومودة. ومنحه حق طلب المساعدة لحل المشكلات، وتقديم المساعدة له بدون تحميله أعباء ومسؤوليات إضافية.

ويقترح هولا ند (Honold, 1997) أن التمكين يمكن أن يكون من خلال عملية الاختيار والتدريب المطلوبة لتزويد المديرين بالمهارات اللازمة، والثقافة لتعزيز حق المصير والتعاون والتنسيق بدلا من التنافس في منظمات الجودة. وتشجع المديرين والمعلمين على الاستجابة للمشكلات المتعلقة بإدارة الجودة الشاملة، وتزويدهم بالمصادر وتفويض السلطات لهم، ويتضمن منحهم الحرية بتجنبهم الرقابة المفرطة بالتعليمات والسياسات والأوامر القاسية في عملهم، ومنحهم الحرية لتحمل المسؤولية لإبداء أرائهم واتخاذ قراراتهم والقيام بأعمالهم، ولقد أثبت بوين ولولر (Bowen & Lawen, 1995) بأن فعالية التمكين والاندماج تؤثر على تحسين أداء المؤسسة، ويعتمد في الدرجة الأولى على الإستراتيجية التنافسية للمنظمة والتكنولوجيا وعلاقة المؤسسة مع المستفيدين من الخدمة؛ ويؤكد على أن إدراك المعلمين لمعنى التمكين يؤثر على إخلاصه بالعمل واهتمامه بمتلقي الخدمة والمجتمع، وتعزيز الرضا لديه.

ولعل اندماج المديرين وتمكينهم والمعلمين والالتزام بالجودة عناصر جوهرية لنجاح أي برنامج لإدارة الجودة الشاملة، ويرى ملحم (2006) بأن الهدف من عملية التمكين هو استحداث قوة عمل قوية وممكنة ولديها قدرة لإنتاج خدمات تفوق توقعات المستهلك الداخلي والخارجي، ولان القيمة الجوهرية هي تحقيق رغبات المستهلك الداخلي والخارجي والتعرف عليها، والتركيز على صانع الخدمة، واستحداث الوعي لديه نحو تحقيق هدف المؤسسة، وذلك بإطلاق طاقات الإبداع والابتكار لدي، وعدم ربطه بالسياسات والإجراءات المقيدة غير المرنة وتوفير الإدارة الماهرة لتوجيهه وتحفيزه والاتصال معه. وإن عملية التمكين تتفاعل مع عنصر آخر وهو الثقافة التنظيمية للمؤسسة التربوية وما تحويه من قيم عليا وتقاليد، وهي التي تؤثر على عملية التمكين، وإن هذه العملية تبدأ من مرحلة الاستقطاب والاختيار للمدير المناسب لتمكينه والاستمرار بتعزيز قدراته من خلال التوجيه

والتدريب وإعادة التدريب وتقويم الأداء لإعادة التمكين وتنتهي بالتطوير الوظيفي، وتسير العملية طيلة حياة الوظيفة للمدير في المؤسسة التربوية.

وعليه نجد انه كلما تعززت عملية التمكين فإنها تصل الى درجة أرقى، وهي ولاء وانتماء المدير للمدرسة بحيث يصبح جنديا منتميا لمدرسته، ويكرس كل طاقاته وإمكاناته لخدمتها والتحية من أجل بقائها ونجاحها وازدهارها.

الفصل الثالث

الهنـــدرة الإداريـــة

الهندرة الإدارية

تعد المؤسسة التربوية أداة حيوية في المجتمعات الإنسانية، وذلك لان التربية هي المدخل إلى التنمية الشاملة، وهي الحصن المنيع الذي تلجا إليه المجتمعات إذ تعرضت للمصاعب والمحن وإذا كانت المؤسسات التربوية الأداة الحيوية في المجتمع، فإن الإدارة التربوية هي المفتاح ونقطة البدء في عملية إصلاح التعليم وتطويره ليواكب حاجات المجتمع وتطلعاته.

لذا شهد العالم خلال السنوات القلية الماضية - ولا - يزال عددا من التغيرات الأساسية والتي طالعت مختلف جوانب الحياة المعاصرة ومست كافة المؤسسات الاقتصادية والاجتماعية والسياسية في دول العالم على اختلاف درجاتها في التقدم والنمو وكذلك أثرت تلك المتغيرات على هيكل القيم ونسق العلاقات المجتمعية في كثير من دول العالم إلى الحد الذي يبرر القول بأننا نعيش الآن "عالم جديد" يختلف كل الاختلاف عن سابقه والذي ساد عبر القرون السابقة وحتى بدايات هذا القرن (السلمي، 2001).

إن القيادات الإدارية في المؤسسات التربوية تمثل العنصر الحركي الأساس في تحقيق ما يتطلب به من أهداف وغايات تتعلق بالكفاءة والفعالية المرغوبين وهذا يفرض على تلك القيادات التزاما بأن تتوفر لديها قدرات ومتطلبات خاصة حتى تكون قادرة على مواجهة التغيرات والتحولات المعاصرة والتعامل معها بكفاءة واقتدار. وهناك حاجة ملحة لانخراط الإنسان مع الآخرين في العمل لسد حاجاتهم وضرورة التنسيق بينهم، كل هذا من اجل الوصول إلى الأهداف التي يطمحون إليها ويرمون إلى تحقيقها.

فالتحدي الحقيقي الذي يواجهنا الآن هو دخول حضارة التكنولوجيا المتقدمة التي جعلت العالم قرية كونية صغيرة بسبب التغير السريع والمتجدد والتي تختلف جذريا عن صور الحضارات الزراعية والصناعية التي شهدتها البشرية حتى

منتصف القرن العشرين، بعد أن أصبحت التكنولوجيا المتقدمة هي العامل الحاسم في تقدم الأمم والشعوب، وشملت تطبيقاتها كل مناحي الحياة، حتى أصبحت من ضروريات التنمية الاقتصادية والاجتماعية، بل ومن ضروريات الأمن القومي للبلاد، ولابد من توفير القدرات والمهارات اللازمة لاقتحام هذه المجالات الجديدة التي تشكل مدخلنا الأساسي إلى القرن الحادي والعشرين، ونقطة البدء هي إعداد الكوادر القادرة على انجاز هذا التحول الكبير (حسين، 2007).

أصبح البحث عن مفاهيم وأساليب إدارية جديدة ومتطورة للتعامل مع المتغيرات البيئية المعقدة من المتطلبات والأهداف الأساسية لكل تنظيم يبحث عن الكفاءة والفعالية والمحافظة على بقائه واستمراره، وهذه الأهداف تتطلب من المنظمات الالتزام بمعايير الجودة الشاملة. وتجدر الإشارة إلى أن المنظمات ليس بالضرورة أن تتمكن جميعها من تحقيق مستويات أداء عالية من خلال التزامها بهذه المعايير، إذ قد لا تتحقق معدلات عالية من الأداء نتيجة لدرجة التنافس الشديدة (اللوزي، 1999).

الإدارة التربوية ضرورية لكل نشاط في المنظمة ولكل مستويات الإدارة التربوية وكونها العضو المسؤول عن تحقيق النتائج مما يستوجب الأخذ بما **يسمى بالهندرة** (Reengineering) حيث ظهر هذا المفهوم في التسعينيات وأضاف لمسة جديدة في عالم الإدارة الحديثة بشكل عام والإدارة التربوية بشكل خاص. فأصبح مفهوم الهندرة من المفاهيم المعروفة في الإدارة التربوية والتنظيم في العالم بشكل عام والوطن العربي بشكل خاص. وقد تبنى هذا المفهوم أساتذة الإدارة التربوية والسلوك التنظيمي والقيادة الإدارية والمديرين والمشرفين المتميزين والمتابعين للتقنيات الإدارية الحديثة في الإدارة العليا بالمفهوم الجديد (**الهندرة**) الذي ساهم في تطوير وتغيير مهامهم في ظل العمليات والمنافسة في عصر المعلومات والتحديات كنظام العولمة، مما يعيدنا إلى إدارة الجودة الشاملة وإرضاء الطالب وتوكيد الجودة في التعليم والتدريب ونظم العمل (عليوه، 2002).

مفهوم الهندسة الإدارية:

ويعمل مفهوم الهندرة الإدارية على إحداث تغيير في ثقافة المنظمة، وهو تقديم خدمات ذو جودة عالية، بالإضافة إلى إعطاء المعلمين استقلالية أكثر أثناء قيامهم بأعمالهم بدلا من الرقابة المستمرة ليتمكنوا من تأسيس القواعد والتعليمات بأنفسهم واخذ المبادرات الشخصية المؤدية إلى الإبداع والابتكار بإعطاء فرق العمل صلاحيات كبيرة ومرونة عالية في أداء الأعمال التدريسية بطريقة جماعية تنعكس بشكل ايجابي على الأداء، والاعتماد على التعليم والتعلم بالإضافة إلى التدريب وتنمية مهارات الأفراد وتوسيع إدراكهم حيث يساعد التعليم إلى إيجاد معلمين قادرين على اكتشاف متطلبات العمل بأنفسهم وترسيخها في أذهان الطلبة وزيادة قدراتهم على خلق مجالات العمل المناسب لهم والاستعداد المستمر لتنفيذها وفقا للمتطلبات.

وبذا يتحول التركيز في معايير الأداء والمكافآت من الأنشطة إلى النتائج. فتفويض المؤسسات التربوية يتم على أساس الوقت الذي يقضيه المعلمين في العمل والتركيز على أساس أدائهم للأنشطة، فالمؤسسات التي تستخدم الهندرة الإدارية تميل إلى تقييم أعضاء الفريق ومكافأتهم على أساس الناتج النهائي لأعمالهم وبشكل جماعي، وبناءا على هذا المعيار يتم مكافآت الأفراد ماديا. أما الأفراد ذو القدرات العالية فتتم ترقيتهم إلى وظائف أفضل وهذه المعايير تؤدي إلى خلق روح من المنافسة بين المعلمين على أساس الخدمة المقدمة.

وبناءا على ما سبق فان الهندرة الإدارية هي الانتباه الحاد والحذر في الفجوة التنظيمية بين المؤسسات التربوية القائمة فيما يتعلق بمستويات الأداء ونوعية المخرج التعليمي من خلال العمل على تطوير وتحديث أساليب العمل في المؤسسات التربوية بشكل يساعد على تحسين مخرجات العملية التعليمية التعلمية خلال فترة زمنية قصيرة.

إن **الهندرة** هي إعادة التفكير بالعمل من القاعدة إلى الأعلى لتخليص العمل مما هو غير ضروري وإيجاد طرق أفضل للأداء، ومثال على الانتباه إلى درجة كفاءة المهمة بدل المعيار القديم الذي ينص على استخدام مندوب العناية الذي يستخدم بذلك مجموعة معينة من المهارات، ويقاس نجاحه وفق معايير محددة هي سرعة الأداء وإرضاء المستفيدين لحل المشكلات بدل معايير الأداء القديمة التي كانت تتمثل في درجة كفاءة المهمة وإرضاء المسؤول.

وان التأثيرات الجوهرية للهندرة الإدارية تتشكل من خلال العمليات التي تمثل التقنيات والتي من خلالها يؤدي العمل وخلق القيمة المطلوبة كقيم المهام ونوعيات الموارد البشرية المطلوبة لأداء المهمات والتي تعمل بدورها لتقصي مجموعة مناسبة من الهياكل التنظيمية والنظم الإدارية كنظام إدارة الجودة الشاملة لقياس الأداء وتجنيد الموارد البشرية للعمل بتدريبهم وتطوير مهاراتهم ونشر الاتجاهات السلوكية وقواعد السلوك الثقافي بمساندة أداء العملية.

وتعتمد الهندرة على إعادة وتصميم العمليات الإدارية لتحقيق التطوير الجوهري في أداء المنظمات من خلال السرعة في الأداء وتخفيض التكلفة، وجودة المنتج، وإدخال التقنيات الحديثة وإحداث تغيرات جذرية في أساليب العمل، وتحقيق الإبداع الفكري والمهاري للأفراد وعلى الفرد أو الجماعة أو المؤسسة التعليمية التي تتبنى عملية الهندرة أن تتوفر لديها الرغبة والحماس والدافعية في تطوير وتحسين ذاتها، وان تتمتع بشخصية مرموقة تمتلك المهارات والكفايات التي تحفز وتشجع على التطوير والتحديث (حلمي، 2003).

وتساهم الهندرة الإدارية في إعادة النظر في أسلوب العمل المنتج، وإيجاد حلول جذرية لمشاكل العمل ومعوقاته، وتحقيق طفرات هائلة وفائقة في معدلات الأداء، وتقليص الزمن اللازم لانجاز العمل، وتقديم خدمات أفضل، وتحسين الدخل والأرباح، وإعادة التفكير بأساليب العمل المتبعة، وتحقيق التكامل والاندماج بين

أجزاء العمل، وانجاز الأعمال بسرعة ومرونة وشفافية بالتعرف على نقاط الضعف من الجذور والعمل على حلها. والهندسة الإدارية في المؤسسات التعليمية تحتاج إلى التخطيط الجيد لجميع تفاصيل ومراحل المشروع، والإعداد والتجهيز للعمل، والاختبار الجيد للعملية المراد هندرتها، وجمع المعلومات الفنية والتنظيمية ليتم بعد ذلك تحليلها وتحديد مواطن القوة والضعف والاقتداء بالنموذج الناجح لتحقيق قفزة مماثلة لما تم تحقيقه وإعادة تشكيل ثقافة المنظمة من خلال تغيير الأساليب الإدارية.

فوائد تطبيق الهندسة الإدارية (الهندرة):

إن للهندرة الإدارية فوائد عديدة للمجتمع والمؤسسة والفرد لتوفير الوقت والجهد وتقديم الخدمات بشكل أفضل وسريع ، وتنمية روح المسؤولية والتعاون بين الأفراد، وإيجاد أفراد قادرين على الإبداع والابتكار وإحداث تغيرات جذرية في ثقافة المنظمة من خلال ترسيخ الثقافة التنظيمية والتخلص من الثقافة التقليدية وتقديم خدمات للمجتمع تمتاز بالجودة العالية وتسمح لفرق العمل بانجاز أعمالها بحرية واستقلالية تامة والمرونة والبساطة في انجاز الأعمال التنظيمية وإيجاد الحلول السريعة للمشاكل المطروحة.

وأما فوائد تطبيق الهندسة الإدارية فتعود على التنظيم المؤسسات التربوية بكفاءة وفعالية عالية بشكل يحافظ على بقائها واستمرارها في مواجهة التحديات الجديدة أي تطبيق فروق عمل الهندرة يمكن من استخلاص العديد من فوائد كتجميع الأعمال ذات التخصصات الواحدة والمتخصصة بتقديم الأعمال وتوفير التكاليف وتجنب الإرباك والفوضى في تقديم الأعمال والتحول من إدارات متخصصة وظيفية إلى فرق عمليات وأعمال مركبة وزيادة مستوى الأداء الجماعي لتقليل الصراعات التنظيمية بين أعضاء الفريق ومن المفترض تطبيق إدارة الجودة الشاملة على مخرجات التعليم كمتطلب أساسي لتطبيق الهندرة الإدارية كوعاء يستلزم لبناء الهندرة كتغيير نظم العمل وأساليبه والحوافز وإعادة تصميم العمليات الإستراتيجية والقيم.

علاقة إدارة الهندسة الإدارية بإدارة الجودة الشاملة:

يمكن اعتبار إدارة الجودة الشاملة الهندرة الإدارية وجان لعملة واحدة، حيث لا يمكن تطبيق إدارة الجودة الشاملة بمعزل عن تطبيق الهندرة الإدارية، وحول درجة التطابق والتكامل بين المفهومين يقول مايكل هامر وجيس شامبي: بأن إدارة الهندرة وإدارة الجودة الشاملة لا تعتبران متناقضتين كما لا تعتبران متطابقتين، وإنما تكملان بعضهما غير أن هناك بعض الفروق البسيطة، **منها:**

إدارة الهندرة الإدارية	إدارة الجودة الشاملة
تعمل إدارة الهندرة على تحقيق ما ترغب المؤسسات التربوية الإدارية تحقيقه ولكن في فترة وجيزة.	تعمل إدارة الجودة الشاملة على تحقيق ما ترغب المؤسسات التربوية الإدارية بصورة بطيئة.
تهدف إدارة الهندرة إلى إحداث تغيرات جذرية ولكن بصورة تدريجية.	تعمل إدارة الجودة الشاملة على تحقيق تحسينات إضافية جديدة.
يحتاج تطبيق إدارة الهندرة إلى المتابعة والرقابة الإدارية اليومية.	مفهوم إدارة الجودة الشاملة بعد تطبيقه واستخدامه بصورة أساسية لاحاجة إلى الرقابة الإدارية الدائمة والمستمرة عليه.

وبناءا عليه يمكن ملاحظة درجة التكامل بين المفهومين، ويمكن اعتبار أن إدارة الجودة الشاملة هي متطلب أساسي وإجباري لإدارة الهندرة.

خصائص الهندسة الإدارية وأهميتها:

الهندسة الإدارية تركز على الوصول إلى تحسينات جوهرية في العمليات التربوية بما يحقق متطلبات الطلاب والمجتمع من ناحية الجودة والسرعة والتجديد والتنوع والخدمات.

أهداف الهندسة الإدارية:

1- جعل المنظومة التربوية أكثر قدرة على المنافسة.

2- إحداث تحسينات في العمليات الإدارية.

3- تحسين شعور وإحساس الأفراد العاملين في المؤسسات التربوية بالتشجيع والمشاركة في وضع أهداف المنظومة التربوية.

4- زيادة التعاون بين أفراد المؤسسات التربوية من اجل تحسين العمل وتطويره.

5- تقليل التكلفة وزيادة الإنتاجية وإشباع حاجات الطلاب.

6- تحديد الشكل والإطار المستقبلي للعملية الإدارية داخل المنظومة التربوية.

7- تحسين العمليات الإدارية التي يتم قياسها في ضوء معايير الجودة.

الصعوبات التي تواجه نظام الهندرة:

1- عدم وتوفر الدعم الكافي من الإدارة العليا.

2- سوء اختيار العملية التي تحتاج إلى الهندسة الإدارية.

3- عدم وضوح الرؤية المستقبلية للمؤسسات التربوية.

4- الاختيار السيئ للقيادات التربوية العليا والمتوسطة والدنيا.

5- عدم إقناع فريق العمل بجدوى الهندسة الإدارية.

6- التخطيط السيئ للمؤسسات التربوية.

7- وضع حلول غير منطقية للمشكلات.

8- عدم استخدام إدارة المعرفة في المؤسسات التربوية.

9- تجاهل قيم ومفاهيم الأفراد في المؤسسات التربوية.

10- السماح للمفاهيم العامة والمواقف الإدارية بإعاقة الهندرة.

11- تكليف أشخاص لا يعرفون الهندسة الإدارية.

12- عدم تخصيص الوقت والدعم المادي اللازم لتطبيق الهندسة الإدارية.

وأخيراً إن نجاح الهندرة الإدارية يتطلب قناعة الإدارة بالعمل على تطبيقها، وابتكار أساليب عمل وكوادر بشرية جديدة، والتركيز على نوعية فرق العمل التي تقوم بالادعاء، ودراسة البيئة التنظيمية بشكل جيد وإيجاد التخطيط العلمي والفعال، ووضوح الأدوار لكل فرد أو مجموعة وتدريب وتأهيل الموارد البشرية وزيادة قدرات الإبداع والابتكار لإبقاء التنظيمات الإدارية بوضع تنافسي جيد ومواجهة التحديات المستقبلية.

الفصل الرابع

إدارة المعرفة في المؤسسات التربوية

إدارة المعرفة في المؤسسات التربوية

مقدمة

يشهد العالم منذ عقدين من الزمان تقريبا بروز قوى مؤثرة تعيد تشكيل منظومة الاقتصاد والإدارة وتستدعي تغيراً أساسيا في الاستراتيجيات التنظيمية. وتتمثل أهم هذه القوى في تيار العولمة، والدرجة العالية من التعقيد، والتكنولوجيا الجديدة، وزيادة حدة المنافسة، والتغير في توقعات العملاء والتغير في الهيئات الاقتصادية والسياسية. وتنعكس هذه القوى على المؤسسات التربوية ضرورة أن تكون سريعة التكيف والاستجابة وأخذ زمام المبادرة حتى تستطيع أن تحافظ على استمراريتها وقد واكب ذلك ظهور العديد من المداخل التي تسعى لتطوير وتحسين الأداء الإداري مثل: إعادة الهندسة (Reingineering) (الهندرة)، إعادة الاختراع الحكومية، إدارة الجودة الشاملة وغيرها، كما ظهرت عدد من الإستراتيجيات الشائعة خلال عقد الثمانينات مثل الخصخصة (Downsizing) من بينها والتي تشير إلى تقليص الحجم تحت ضغط الرغبة في تخفيض النفقات الثابتة وزيادة الأرباح (Nonaka,1995)

وقد ترتب على إستراتيجية تقليص الحجم فقدان المنظمات لمعارف وخبرات مهمة، ذلك أن العاملين تركوا العمل وأخذوا معهم تلك المعارف والخبرات التي تراكمت لديهم على مدار السنين، وكان من شأن ذلك أن سعت العديد من المنظمات إلى البحث في كيفية تخزين المعرفة الموجودة في عقول العاملين والاحتفاظ بها لإعادة استخدامها في المستقبل وهو ما يعرف الآن باسم إدارة المعرفة وساعد التطور التكنولوجي على زيادة الاهتمام بإدارة المعرفة بفعل التدفق المستمر للمعلومات والنمو الهائل في مصادر الحصول عليها؛ الأمر الذي نتج عنه حالة من القلق مما استلزم الاهتمام بإدارة المعرفة كمحاولة للتغلب على مشكلة انفجار المعلومات والاستفادة من المعرفة المتزايدة بشكل فعال.(Wiig,1997)

وشهدت السنوات الخمس الأخيرة مناقشات مكثفة حول إدارة المعرفة وأهميتها، وحفلت الأدبيات بعدد متنام من الأبحاث والدراسات النظرية والتطبيقية في حقول معرفية عديدة كالاقتصاد والاجتماع وعلوم الحاسب الآلي، كما ساهم علماء الإدارة التربوية بجهد بارز في هذا المجال. وحفلت شبكة المعلومات الدولية بمواقع لا حصر لها تهتم بإدارة المعرفة، كما ظهرت دوريات متخصصة في نفس المجال وحتى أن بعضها يحمل نفس المصطلح.

وتعكس كثرة التعريفات والرؤى المختلفة للمعرفة وإدارتها حقيقة أن المهتمين بها ينتمون إلى حقول دراسية متباينة مثل علم النفس والإدارة والاجتماع والاقتصاد وغيرها. ويعني ذلك أن إدارة المعرفة هي حقل متعدد وتوضح مراجعة الأدبيات الحاجة إلى توضيح أفضل لمفهوم إدارة المعرفة؛فمن السهل ملاحظة أن هذا المفهوم يتم تناوله تحت مسميات وعناوين مختلفة الأصول كما أن حدودها تتسم بالغموض والتشويش، والدليل على ذلك اختلاط المفهوم بمفاهيم أخرى مثل: رأس المال الفكري والذكاء التنافسي وتكنولوجيا المعلومات وعلى الرغم من كثرة ما كتب حول إدارة المعرفة في الأدبيات الغربية ووجود نماذج متعددة تنطلق من منظورات مختلفة، فلا يوجد حتى الآن نموذجا يحظى بقبول جمهور الباحثين يتضمن الأبعاد المتعددة للمفهوم. (Wiig,1997)

ولعل للمعرفة أثر على فاعلية المديرين كونها تساعدهم على الحصول على المعلومات والمهارات والخبرات اللازمة لزيادة فاعليتهم. فالمدير يعتمد على المعرفة بأنواعها المتنوعة وذلك من أجل اتخاذ قراره بصفة مرضية،فبدون المعرفة كيف يتيح المدير التعامل مع مشاكل العمل المتكررة والحيوية والطارئة.

مفهوم وطبيعة إدارة المعرفة التنظيمية:

يستخدم مصطلح المعرفة التنظيمية من منظورات ثلاثة، فقد يقصد به، أن يكون الشخص في حالة من المعرفة المستمرة وأن يكون على بينة بالحقائق، من

خلال الخبرة والأساليب والمبادئ المرتبطة بشيء ما، ويركز هذا المنظور على معاونة الفرد في توسيع معرفته الشخصية واستخدامها طبقا لاحتياجات المؤسسة التربوية، أي أنه يربط المعرفة بعملية التعلم في سياق اجتماعي داخل المؤسسة التربوية. كما يستخدم المصطلح ليشير إلى القدرة على الفعل بمعنى آخر، فهم وإدراك الحقائق والطرق والأساليب والمبادئ العملية، بالتزامن مع القيام بالعمل. أما المنظور الثالث فينطلق من كون المعرفة هي الحقائق والأساليب والمبادئ التراكمية المصنفة، أي ما نطلق عليه جسد المعرفة والتي يمكن تنسيقها والحصول عليها في شكل كتب وأبحاث ومعادلات وبرمجيات وغيرها ذلك أي أن هذا المنظور ينظر إلى المعرفة باعتبارها شيء يمكن تخزينه وتصنيفه وإعداده للتداول باستخدام تكنولوجيا المعلومات (Martensson,2000).

يوجد صعوبة في التفريق بين مصطلح المعرفة بمصطلحين آخرين هما: البيانات والمعلومات، ولفهم الاختلاف بين المصطلحات الثلاثة، نفترض أن مريضا يزور الطبيب المعالج وفي أثناء عرض شكواه عن المرض الذي يعاني منه يحصل منه الطبيب على قدر من البيانات، بعض هذه المعلومات تكون هامة بالنسبة للطبيب لتشخيص المرض، غير أن هناك معلومات أخرى ليست لها علاقة بتشخيص المرض، ومن ثم تصبح بالنسبة للطبيب بمثابة بيانات ويربط الطبيب بين ما حصل عليه من معلومات بقاعدة المعرفة لديه لعله يتمكن من تشخيص المرض ووصف العلاج المناسب وعندما لا يجد الطبيب المعلومات الكافية التي تمكنه من تشخيص المرض،فإنه قد يطلب من المريض إجراء بعض التحاليل. وعندما يطلب الطبيب من المريض إجراء بعض التحاليل،فإنه يسعى بذلك إلى الحصول على قدر من المعلومات قد تساعده على تأكيد أو عدم تأكيد افتراضاته حول تشخيص المرض، وقد يكتشف أن بعض البيانات الأولية التي حصل عليها من المريض يمكن أن تكون ذات دلالة في تشخيص المرض بعد ربطها بنتائج تحاليل المعمل، ويشير ذلك إلى أن الطبيب ينتقل في حركة ديناميكية بين البيانات والمعلومات والمعرفة، تبين

أن البيانات هي رموز مجردة يتم تحويلها عن طريق عملية التشغيل إلى معلومات، أي الرموز ذات دلالة استناداً إلى معايير تتيحها قاعدة المعرفة وعن طريق الدمج بين المعلومات وقاعدة المعرفة يتم خلق معرفة جديدة تضاف بدورها إلى قاعدة المعرفة القائمة. ويقصد بالمعرفة تفسير المعلومات استناداً إلى الخبرات والمهارات والقدرات والقيم، بما يتيح الفهم الواضح للحقائق والطرق والأساليب والمبادئ وإمكانية تطبيقها عند ممارسة الأعمال والأنشطة ذات العلاقة.

وتتواجد المعرفة التنظيمية بهذا المعنى لدى الفرد والجماعة الفرعية والمنظمة بكاملها. ولا جدال في أن معرفة الفرد أساسية لتطوير القاعدة المعرفية للمنظمة، غير أن المعرفة التنظيمية ليست ببساطة مجموع المعارف الفردية، فالمعرفة التنظيمية تتشكل من خلال أنماط متفردة من التفاعلات بين البشر داخل المنظمة والتي لا يسهل محاكاتها من قبل منظمات أخرى ؛ لأن مثل هـذه التفاعلات تتشكل بواسطة التاريخ المتفرد للمنظمة وثقافتها التنظيمية وبصفة عامة فإنه يتكون لـدى المنظمة معرفة أمامية ومعرفة خلفية والمعرفة الأمامية هي معرفة صريحة يسهل الحصول عليها وتصنيفها وانتقالها، بينما المعرفة الخلفية هي معرفة ضمنية غير ملموسة تجعل مـن الصعب تكرارها أو محاكاتها لأنها تعتمد على تاريخ المنظمة وظروفها الخاصة والمتفردة. ومع ذلك فإن أداء المنظمة لا يتوقف على غزارة المعرفة الخلفية لـديها، ولكن عـلى التفاعـل بين المعرفة الخلفية والمعرفة الأمامية.(Nonaka,1995)

يعد موضوع إدارة المعرفة مـن المواضيع الجوهرية التي سعى البـاحثون إلى تسـليط الضـوء عـلى جوانبهـا ودراسـتها مـن مختلـف الزوايا بهـدف إغنـاء الموضـوع والاستفادة من نتائج الدراسات والبحوث التي يجري التوصل أليها في تطوير تطبيقاتهـا في منظمات الأعمال المختلفة.

لقد تناول الباحثون مفهوم إدارة المعرفة من زوايا عدة، فمنهم من تناوله من منظور تقني بالتركيز على تقنيات المعلومات التي تسهل نشر ـ المعرفة وتطبيقها، فقد عرفها (Malhotra,1998) بأنها "تجسيد العمليات التي تبحث في عملية مزج قابلية تقنيات المعلومات على معالجة البيانات والمعلومات وقابلية الإبداع والابتكار للأشخاص" .(Malhotra,1998)

وآخرون تناولوه بالتركيز على الجوانب الثقافية والاجتماعية فقد جرى تعريف إدارة المعرفة بأنها "الفهم الواعي والذكي لثقافة المنظمة والقدرة على استخدام وتطبيق التغيير الحاصل في هذه الثقافة". (Koenig,1999)

وعرفها DUFFY أنها "العملية النظامية التكاملية لتنسيق نشاطات المنظمة في ضوء اكتساب المعرفة وخلقها وخزنها والمشاركة فيها وتطويرها وتكرارها من قبل الأفراد والجماعات الساعية وراء تحقيق الأهداف التنظيمية الرئيسة". (Duffy,2000)

فضلاً عن ذلك فلأن إدارة المعرفة تعني تعلم الاستنباط، فهي تتضمن العناية الفائقة وتطوير المعرفة والمهارات والاتصالات بالتركيز على الرؤية المشتركة والمرغوبة للمستقبل ومستندة على القيم المشتركة والمعروفة، من جهة ثانية فإن إدارة المعرفة تتطلب الابتكار وتتطلب قيادة مسئولة. (Rastogi, 2000)

ويعرفها (Loudon,2003)، بأنها "العملية المنهجية لتوجيه ورصد المعرفة وتحقيق الاهتمام بها في الشركة وهي مدخل لإضافة أو إنشاء القيمة من خلال المزيج أو التركيب بين عناصر المعرفة من أجل إيجاد توليفات معرفية أفضل مما هي عليه كبيانات أو معلومات أو معارف منفردة. (Darling.1996)

أما (Meshane&Glinow,2000) فيعرف إدارة بأنها "تلك التطبيقات التي تستخدم مجموعة أدوات لغرض تنظيم، معالجة أو المشاركة في الأنواع المختلفة لمعلومات الأعمال التي يخلقها الأفراد وفرق العمل في منظمة أو منشأة ما

والتي تتعلق أيضا بتجميع الفعاليات ذات الصلة بعملية الحصول على خلق المشاركة واستخدام المعرفة ضمن منظمة أو منشأة أو مؤسسة.(OBrien,2002).

ويوضح (Lee&Choi,2003) إن إدارة المعرفة هـي محاولـة المؤسسـات وضع الإجراءات والتقنيات والعمليات من أجل تحقيق ما يأتي:

1. نقل المعرفة الشخصية لدى الأفراد إلى قواعد المعلومات.

2. فصل وتقنية وتصنيف المعرفة المناسبة.

3. تنظيم تلك المعرفة في قاعدة بيانات لأجل تحقيق الآتي:

أ- السماح لبقية العاملين بالحصول على منفذ سهل وعملي للوصول إلى مواقع المعرفة.

ب- دفع أو توصيل معارف محددة مسبقا إلى العـاملين اعتمـادا علـى حاجـاتهم التي حددوها مسبقا.

إن التعريفات الواردة أعلاه تتمحور حول نقطتين أساسيتين هما:

1. التقاط وجمع المعرفة من مصادرها الداخلية والخارجية على أن تكون ذات علاقة بنشاط المؤسسة التربوية وأدائها التنظيمي.

2. تنظيم عملية الإشراك المعرفي (المشاركة بمـا هـو متـوفر مـن المعرفـة) بـين الأفراد والأقسام والوحدات داخل المؤسسة التربوية.

وتجدر الإشارة إلى أن هناك من المختصين ما زال يعتقد أن إدارة المعرفة (KM) لا زالت لغزا، لا توجد لحـد الآن طريقة، يمكـن مـن خلالهـا شرح وتوضيح عناصرهـا بوضوح. (Housel&2002)

واستناداً لما جاء يمكن تعريف إدارة المعرفة كما يلي:

إدارة المعرفة:

هي الجهد المنظم الواعي الموجه من قبل المؤسسة التربوية،من أجل اكتساب وجمع وتصنيف وتنظيم وخزن كافة أنواع المعرفة ذات العلاقة بنشاط تلك المؤسسة وجعلها جاهزة للتداول والمشاركة بين أفراد وأقسام ووحدات المؤسسة بما يرفع كفاءة اتخاذ القرارات والأداء التنظيمي.

مصادر المعرفة وأشكالها:

مصدر المعرفة هو الذي يحوي أو يجمع المعرفة على وفقا الأمن الكبيس، (50:2002). وهنا لابد أولا من فهم العلاقة بين المعلومات والمعرفة لأن البعض يعدون المعلومات مرادفة للمعرفة. فالمعلومات مورد أساسي للمنظمات، وتعتمد على الحاسوب،وترتبط بعلاقة معه تماثل العلاقة بين العقل البشري والمعرفة ... وأهم اختلاف بينهما يبرزه دور الإنسان في بناء المعرفة، (Daft 2001:258). فالتنبؤ بمبيعات الفصل القادم من السنة تحتاج إلى معلومات عن المنافسة، وحجم السوق، ورضا الزبون بصدد مواعيد التسليم الحالية، وطاقة الإنتاج المتاحة، وعندما تتوفر سنمتلك معرفة (Bollinger 2001:2)، وبالتالي فالمعرفة هي تجميع للمعلومات ذات المعنى، ووضعها مع بعض في نص للوصول إلى فهم يمكننا من الاستنتاج.

أما مصادر المعرفة فمتنوعة وشكل رئيس تصنف إلى مصادر خارجية، وأخرى داخلية تتمثل في خبرات المنظمة، وقدراتها على الاستفادة من تعلم الأفراد والجماعات، واستراتيجياتها وعملياتها وتقنياتها، بينما تمثل البيئة المصدر الخارجي للمعرفة والمعلومات.

وتتخذ المعرفة التنظيمية أشكالا متعددة وتتباين بشأنها التصنيفات، فيميز البعض بين المعرفة العملية ويقصد بها الإجابة عن كيف نعرف؟ والمعرفة النظرية ويقصد بها الإجابة عن لماذا نعرف؟ والمعرفة الإستراتيجية ويقصد بها الإجابة عن لماذا نعرف؟ ويقدم (Boisot) تصنيفا للمعرفة يميز فيه بين أربعة أنماط استنادا إلى متغيرين هما مدى تصنيف المعرفة ودرجة انتشارها فيرى (Boisot) أن المعرفة قد تكون مصنفة أو غير مصنفة، كما أنها قد تكون منتشرة أو غير منتشرة. ويقصد بالمعرفة المصنفة أن تكون معدة مسبقا وجاهزة للتداول أما المعرفة غير المصنفة فهي تلك التي يصعب إعدادها للتداول مثل الخبرة. أما مصطلح منتشرة فيشير إلى أن المعرفة يمكن التشارك فيها أو أن يتقاسمها الآخرون بينما يشير مصطلح غير منتشرة إلى أن المعرفة ليست معدة لأن يتقاسمها الآخرون.

وبناء على ذلك يمكن التمييز بين أربعة أنماط هي:

1. **المعرفة الخاصة (Propriety Knowledge)** وفيه تكون المعرفة مصنفة وغير منتشرة، أي أن المعرفة تكون في نطاق ضيق وطبقا لمدى الحاجة إليها في إطار سياسات المنظمة.
2. **المعرفة الشخصية (Personal Knowledge)** وفيه تكون المعرفة غير مصنفة وغير منتشرة أيضا مثل: الإدراك، البصيرة، الخبرات...
3. **المعرفة العامة (Public Knowledge)** وتكون فيه المعرفة مصنفة ومنتشرة مثل: الصحف، الكتب، المكتبات...
4. **الفهم العام (Common sense)** وفيه تكون المعرفة منتشرة ولكنها تكون غير مصنفة. مثل هذه المعرفة يتم تكوينها ببطء من خلال عملية التنشئة والتواصل الاجتماعي (Boisot, 1997)

واستناداً إلى أعمال بولاني (Polanyi) قدم نوناكا وتاكيوتش (Nonaka and Takeuchi) تصنيفا للمعرفة ميزا فيه بين نوعين هما:

1. **المعرفة الصريحة (explicit)** ويتميز هذا النوع من المعرفة بأنه مقنن ومحدد المحتوى وله مظاهر خارجية ويمكن التعبير عنه بوسائل متعددة سواء بالكتابة أو الرسم أو التحدث وما إلى ذلك، وتتيح تكنولوجيا المعلومات إمكانية تحويلها ونقلها.

2. **المعرفة الضمنية (tacit)** فتوجد في العقل البشري والسلوك وتشير إلى الحدس والبديهة والإحساس الداخلي، ومن ثم فإنها شخصية، ويصعب توثيقها أو تقنينها، وتتضمن عناصر إدراكية (Cognitive) وعناصر فنية (technical) وتعمل العناصر (الإدراكية) من خلال النماذج العقلية التي من شأنها مساعدة الفرد في التعرف على ما يدور حوله أما العناصر الفنية فتتضمن يعرف كيف ترتبط بالممارسات والمهارات ونظراً لأن المعرفة الضمنية هي معرفة خفية وتعتمد على الخبرة فإنه من الصعب تحويلها من خلال الأجهزة الإلكترونية، بل يمكن نقلها من خلال التفاعل الاجتماعي. (Nonaka,1995)

وارتكز (Spender) على أفكار شستر برنارد سبندر (Bernard) في نظرته للمنظمة كنظام اجتماعي يقوم على التعاون بين الفرد والمنظمة وأفكار نوناكا وتاكيوتش في التمييز بين المعرفة الضمنية والمعرفة الصريحة، والنظر إلى المعرفة من منظور اجتماعي مشيرا إلى أنها حصيلة التفاعل بين الفرد والمجتمع، وميز بين أربعة أشكال للمعرفة هي: (Spender,1996)

1. **المعرفة الواعية (Conscious Knowledge):** وهي معرفة فردية وصريحة والمثال عليها الحقائق، والمفاهيم والأطر والنظريات التي يمكن أن يكتشفها الفرد أو يتعلمها.

2. **المعرفة الموضوعية (Objective Knowledge):** وهي معرفة تتقاسمها الجماعة وتتسم بكونها معرفة، صريحة مثل جسد من المعرفة المهنية المشتركة.

3. **المعرفة الآلية (automatic Knowledge)**: وهي معرفة يكتسبها الفرد من خلال العمل وتراكم الخبرات، وتتميز بكونها معرفة ضمنية. وتتمثل في المهارات الفنية والمواهب والآراء عن البشر.

4. **المعرفة الجماعية (Collective Knowledge)**: وهي المعرفة الضمنية التي توجد لدى الجماعة وتتميز بكونها معرفة اجتماعية كامنة.

وعلى الرغم من كثرة تصنيفات المعرفة التنظيمية وتعدد أشكالها، إلا أننا نعتبر أن التصنيف الذي قدمه (Spender) وهو أكثر التصنيفات ملائمة ونحن بصدد الحديث عن إدارة المعرفة التنظيمية حيث ينظر إليها باعتبارها نتاج للتفاعل بين الفرد والمنظمة، من ناحية، وللتكامل بين المعرفة الصريحة والمعرفة الضمنية من ناحية أخرى.

وهناك تقسيمات أخرى للمعرفة بتداولها أدبيات الموضوع منها تقسيمها إلى: (Zack, 1998)

1. **إدارة المعرفة الجوهرية (Core Knowledge Management)** وهي النوع الأدنى من المعرفة الذي يستخدم في إدامة العمليات الصناعية وتطبيقاتها المختلفة، مثل العمليات الصناعية والإجراءات والأساليب الصناعة معينة.

2. **إدارة المعرفة المتقدمة (Advanced Knowledge management)**: وهي ميزة معرفية إضافية تتميز بها جهة، شركة مؤسسة على منافسيها وبما يمنحها مركزا تنافسيا متفوقا.

3. **إدارة المعرفة الإبتكارية (Innovation Knowledge management)**: وهي المعرفة التي تمكن الشركة من قيادة قطاعها الصناعي بما تنفرد به من معرفة على منافسيها ضمن ذلك القطاع ومن أمثلة ذلك ابتكار الأساليب الجديدة في مجال حسابات التكلفة أو التسعير.

أسس خلق المعرفة ومبادئها:

يـرى (VON KROGH)أن خلـق المعرفـة الجديـدة يمكـن أن يضـم مراحـل الخمس التالية:

1. الشراكة (المشـاركة) الأوليـة في المعرفـة، الخـبرات المهـارات، الممارسـات بـين أعضاء الفرق داخل المنظمة.
2. يطيـق مفهـوم الشراكة بالمعرفـة واعـتماده أساسـا لخلـق الخدمـة والمنـتج الجديد.
3. ضـبط تلـك المفـاهيم وتعميقهـا في مجـالات عملـة مثـل دراسـات السـوق، الاتجاهـات الاقتصـادية، المقـابلات البنـاءة، قواعـد المقارنـة وإسـتراتيجية المؤسسات التربوية.
4. إعداد نموذج للمنتج أو الخدمة الأساسية التي تقدمها المؤسسة التربوية.
5. الارتفاع للمستوى العالمي للمعرفة من مفاهيم ونماذج وغيرها وعرضها من خلال الشبكة الخاصة بالمؤسسة التربوية.(Von,1998)

يرى بعض الباحثين أن إدارة المعرفة تتضمن المبادئ التالية: (Lee&Choi,2003)

1. **التعاون Collaboration:** وهو المستوى الذي يستطيع فيه الأفراد (ضمن فريق عمل) مساعدة أحدهم الآخر في مجال عملهم. إن إشاعة ثقافة التعاون تؤثر على عملية خلق المعرفة من خلال زيادة مستوى تبادلها بين الأفراد والأقسام والوحدات.
2. **الثقة Trust:** هي الحفاظ على مستوى مميز ومتبادل من الإيمان بقدرات كل من الآخر على مستوى النوايا والسلوك. الثقة يمكن أن تسهل عملية التبادل المفتوح، الحقيقي والمؤثر للمعرفة.

3. **التعلم Learning:** هو عملية اكتساب المعرفة الجديدة من فبل الأفراد القادرين والمستعدين لاستخدام تلك المعرفة في اتخاذ القرارات أو بالتأثير على الآخرين، إن التركيز على التعلم يساعد المنظمات على تطوير الأفراد بما يؤهل للعب دور أكثر فاعلية في عملية خلق المعرفة.

4. **المركزية Centralization:** تشير إلى تركيز صلاحيات اتخاذ القـرار والرقابـة بيد الهيئة التنظيمية العليا للمؤسسة التربوية، إن خلق المعرفـة يحتـاج إلى لا مركزية عالية.

5. **الرسمية Formalization:** هي المدى الذي تتحكم بـه القواعـد الرسـمية، السياسات والإجراءات القياسية، بعملية اتخـاذ القـرارات وعلاقـات العمـل ضمن إطار المؤسسة. خلق المعرفة يحتاج إلى مسـتوى عـال مـن المرونـة في تطبيق الإجراءات والسياسات مع تقليل التركيز على قواعد العمل.

6. **الخبرة الواسعة والعميقة T. Shaped Skills:** ويعني ذلك أن خبرة الأفراد العاملين في المؤسسة تكون واسعة أفقيا ومتنوعة وعميقة أي مركزة وتخصصية.

7. **تسهيلات ودعم نظام تكنولوجيا المعلومات IT Support:** أي مستوى التسهيلات التي يمكن أن توفرها تكنولوجيا المعلومات لدعم إدارة المعرفة. البعض يرى أن تكنولوجيا المعلومات عنصر حساس في عملية خلق المعرفة.

8. **الإبداع التنظيم (Organizational Creativity):** هو القدرة على خلق القيمة، المنتجات، الخدمات، الأفكار أو الإجراءات المفيدة عن طريق ما يبتكره الأفراد الذين يعملون معا في نظام اجتماعي حاذق

ومعقد. المعرفة تلعب دورا مهما في بناء قدرة المؤسسة لتكون مبدعة وخلاقة.

وهذا يعني أن كشف والتقاط المعرفة التي يمتلكها العاملون واستغلالها والمشاركة في استخدامها لتحقيق أهداف المؤسسة التربوية.

مكونات إدارة المعرفة:

إن إدارة المعرفة تتضمن العديد من المكونات الجوهرية التي تتفاعل وتتكامل مع بعضها البعض مؤلفة نظاما معرفيا فاعلا يساهم مباشرة في نجاح المنظمة التي تطبقه وبالتالي يمكن الإشارة إليها بمنظمة المعرفة وفيما يلي إيجازا لكل منها:

أهداف العمل:

هناك علاقة مباشرة بين المنظمة التي تطبق إدارة المعرفة وقدرتها على تحقيق أهداف العمل، لذا ينبغي أن تكون أهداف العمل واضحة ومعروفة قبل الاستثمار في إدارة المعرفة،وأن تقييم نجاح المنظمة يأتي من خلال مقارنة نتائج الاستثمار المتحققة مع أهداف العمل وأهداف إدارة المعرفة المخططة.

القادة:

تلعب قيادة المنظمة دورا مهما في تعزيز إدارة المعرفة من خلال الدعم والمشاركة لأن مفتاح نجاح المنظمة هو إدارة المعرفة فالقيادة عليها إرشاد الأفراد العاملين وترسيخ قناعتهم بأهمية إدارة المعرفة وتأثيرها الإيجابي في نمو ومستقبل المؤسسة التربوية.

التقنيات:

على الرغم من فاعلية قواعد البيانات كأداة لخزن ونشر المعرفة، هناك العديد من الوسائل الأخرى تساهم في تفعيل إدارة المعرفة مثل برامج تطوير

المحترفين وبرامج توجيه الجماعات وغيرها تعد من الأمثلة الشائعة والتي لا تتضمن استخدام تقنيات عالية، من جهة أخرى فإن تصميم المكاتب مثل المكاتب المفتوحة وغرف فرق العمل جميعها تساهم في نجاح إدارة المعرفة من خلال خلق البيئة التي تشجع مشاركة المعرفة.

التنظيم:

إن عمل إدارة المعرفة المتعلق بتعريف وخزن ونشر واستخدام "عملا واسعا" يتطلب تنظيما فائقا وقيادة مركزية لتوجيهه وتطبيقه فضلا عن ضرورة توافر فريق عمل يساهم في إنجاز المهام الخاصة بأقسام إدارة المعرفة كالمكتبات والانترنيت وغيرها لخدمة جميع المستفيدين في مختلف المستويات الإدارية في المؤسسة التربوية.

الثقافة:

إن من بين أهم غايات إدارة المعرفة هو محاولة إيجاد طريقة للحصول على حكمة العاملين ومعرفتهم داخل المؤسسة التربوية لأجل رفع تلك المعرفة إلى أقصى حد ممكن والاحتفاظ بها، وأن تطبيق إدارة المعرفة واستخدامها يستلزم وجود موارد بشرية ذات مؤهلات عالية ورفيعة،أي بمعنى أن المؤسسة التربوية عليها أن تحصن نفسها ومواردها البشرية ثقافيا.

العمليات:

يمكن الإشارة إلى إدارة المعرفة بأنها العملية النظامية التكاملية لتنسيق نشاطات المؤسسة التربوية في ضوء اكتساب المعرفة وخلقها وخزنها والمشاركة فيها وتطويرها وتكرارها من قبل الأفراد والجماعات الساعية وراء تحقيق الأهداف التنظيمية الرئيسة.

التعلم:

إن توليد المعرفة الجديدة يتم من خلال أقسام البحث والتطوير والتجريب وتعلم الدروس والتفكير الإبداعي، وتكتسب المعرفة عبر طرق ثلاثة هي التعلم والبحث العلمي والتطوير التقني.

العلاقات:

تحاول المؤسسة التربوية أن تنظم ذاتها من خلال زيادة قدرتها على التكيف فردياً وجماعياً وباستمرار مع الظروف المتغيرة، وتفترض أنها تقوم بتعديل معرفتها بما يؤدي إلى التغيير في السلوك، ويلعب الإنسان دورا مهما في بناء المعرفة لذا يكون من الضروري بناء وإدامة علاقات وثيقة فيما بين الموارد البشرية من جهة وفيما بين العقول البشرية من جهة أخرى. (Darling.1996) (Corey,2000)

مداخل دراسة إدارة المعرفة التنظيمية:

تنعكس الرؤى المختلفة للمعرفة التنظيمية وطبيعتها على مداخل إدارتها، ويمكن التمييز في هذا الإطار بين مداخل أربعة أولها مدخل اقتصادي يجعل من إدارة المعرفة مرادفا لرأس المال الفكري أو اعتبارها أحد عناصره. وينطلق المدخل الثاني من كون المعرفة بنيانا اجتماعيا. وينظر المدخل الثالث من النظر إلى المعرفة كشيء (an object) يمكن تخزينه وتصنيفه وتداوله باستخدام تكنولوجيا المعلومات أما المدخل الرابع فهو مدخل إداري يركز على إدارة المعرفة باعتبارها عمليات (Process) وفيما يلي توضيح لهذه المداخل:

المدخل الاقتصادي:

وينطلق من كون المعرفة موردا محدودا من موارد المنظمة يتعين الاستفادة منه، وأن المعرفة هي القدرة على الفعل، وأن تركيزها ينصب على الجوانب

التطبيقية ويدور أساسا حول كيف نعرف (Know-How) ومن ثم فإنه يجعل من إدارة المعرفة مرادفا لرأس المال الفكري (intellectual eapital)، فيعرفها بروك نج (Brooking) بأنها "النشاط المرتبط باستراتيجيات وتكتيكات إدارة رأس المال الفكري. (Brooking,1997)

أي أنها لا تعدو أكثر من كونها آلية لرأس المال الفكري وإدارة الأصول التي تستخدمها المنظمة بكامل إمكانيتها، وهذا التعريف يتفق مع ما أشار إليه (Chase) الذي تحدث عن خلق القيمة من الأصول غير الملموسة، (Chase,1997) وهو ذات المعنى الذي يؤكده (Dricker) حيث يشير إلى أننا "ندخل مجتمع المعرفة الذي لم يعد فيه الفرد هو المورد الاقتصادي الأساسي بل المعرفة التي يمكن تحويلها إلى رأس مال يتكون من الأصول غير الملموسة (intangible assets)، التي لا تظهر في الميزانية والتي يمكن أن تشمل مهارات العاملين والمعلومات وحقوق الملكية والاستخدام الابتكاري للأصول. (Drucker,1995)

ويشير (Guthrie) إلى أن إدارة المعرفة تكاد تقترب من مفهوم إدارة رأس المال الفكري، وأنه من الصعب رسم الفواصل بين المصطلحين بشكل واضح (Guthrie,2000) أما روز وزملاؤه فيشيرون إلى أن رأس المال الفكري بمثابة المظلة التي تضم تحتها إدارة المعرفة.

ويعتبر النموذج المعروف بنموذج سكا نديا (Scandia Model) تعبيراً عن هذا المدخل، فقد تم تعريف رأس المال الفكري بأنه حيازة المعرفة وتطبيق الخبرات والتكنولوجيا والعلاقات مع العملاء والمهارات الفنية التي تزود المنظمة بالأدوات الفعالة للمنافسة في السوق (Brooking.1997)، وفي داخل هذا الإطار يتم التمييز إجرائيا بين عناصر ثلاثة هي: رأس المال البشري (human capital)، ورأس المال التنظيمي (organizational capital)، ورأس مال العملاء

(customers capital) واقترح روز وزملاؤه أنه يمكن تتبع رأس المال الفكري في اتجاهين أولهما: الاستراتيجي ويكون التركيز فيه على دراسة تكوين واستخدام المعرفة والعلاقة بينهما وبين نجاح المنظمة في تحقيق أهدافه، أما الاتجاه الثاني فهو القياس ويركز على الحاجة إلى تطوير نظم جديدة للمعلومات وقياس البيانات غير المالية جنبا إلى جنب مع البيانات المالية التقليدية (Roos et al,1996) أي أن المدخل الاقتصادي يقوم على التعامل مع المعرفة على نحو مشابه للأصول الأخرى ويؤكد على كيفية قياس عناصرها مفترضا أنه يمكن التحكم فيها.

المدخل الاجتماعي:

ينطلق هذا المدخل من كون المعرفة حالة مستمرة أي إنها عملية التعلم في إطار اجتماعي ومن ثم ينظر إلى إدارة المعرفة باعتبارها عملية تركز على تدقيق المعرفة (De gamet) إلى أنها تعني "خلق المعرفة وتفسيرها ونشرها واستخدامها والحفاظ عليها وتطويرها

(Druker,1995)، ومن ثم هذا المدخل يفترض تعريفا واسعا للمعرفة وينظر إليها على الارتباط بينها وبين العمليات الاجتماعية داخل المؤسسة التربوية والتأكيد على أن بناء المعرفة ليس محدودا في مدخلات ولكنه يتضمن أيضا البناء الاجتماعي للمعرفة وأن المعرفة التي يتم بناؤها يتم تجسيدها بعد ذلك داخل المؤسسة التربوية ليس فقط من خلال برامج لتوضيحها ولكن أيضا من خلال عملية تبادل اجتماعي ثم بعد ذلك نشرها بين الأطراف ذات العلاقة بالمؤسسة التربوية. (Jennifer,2000)

ويتشابه هذا المدخل إلى حد كبير مع مفهوم التعلم التنظيمي على أساس أن الهدف الأساسي للتعلم التنظيمي هو التطور المستمر للمعرفة التنظيمية وأن الهدف الأساسي لإدارة المعرفة التنظيمية هو تخزين وتكوين المعرفة والتشارك فيها

وتوزيعها بين ربوع المؤسسة التربوية أي أن السمة المشتركة للـتعلم التنظيمـي وإدارة المعرفة هي التشارك في الأفكار وتقاسمها وتطوير معرفة جديدة.

أما إدارة المعرفة فإنها تهتم بتخزين وتوزيع الأصول المعرفية الحالية والتشارك فيها، كما أنها تتولى تنظيم وتنسيق الأصول المعرفية الجديدة وأن ثمة تفاعل متبادل بين العمل التنظيمي وإدارة المعرفة. (Ganesh,2001)

مدخل تكنولوجيا المعلومات:

ويقوم على دمج البرمجيات مع البنية الأساسية من الأجهزة المرتبطة بها، لدعم إدارة المعرفة والتعلم التنظيمي عن طريق حرية الأصول إلى المعرفة والتشارك فيها ويتم ذلك باستخدام وسائط التكنولوجيا المتعددة: مثل البريد الإلكتروني ونظم دعم القرار ومؤتمرات الفيديو والبرمجيات الحديثة للنظم المتقدمة لدعم القرار وتحسين العمل الجماعي بين المتخصصين المنتشرين جغرافيا. وتعرف هذه التقنية باسم (-Group ware) وكذلك التكنولوجيا التي تعتمد على الشبكات، التي تسمح بالوصول إلى المعلومات ومصادر المعرفة بصرف النظر عم اعتبارات المكان والزمان مثل الشبكة الدولية (internet) والشبكة المحلية. (Gomoloski,1997).

المدخل الإداري:

ينظر المدخل الإداري إلى إدارة المعرفة التنظيمية، باعتبارها تسعى إلى اكتساب المعرفة وتطويرها ونشرها بين أعضاء المؤسسة التربوية لتحقيق أكبر قدر من الفعالية التنظيمية، ويتضح ذلك من التعريفات المتعددة في إطار هذا المدخل فيعرفها (Boisot) بأنها "عملية إبداع أو اكتساب المعرفة واستخدامها لتحسين الأداء التنظيمي للمؤسسة التربوية ". (Boisot, 1997)

ويرى مايو "بأنها عملية إبداع وتخزين المعرفة ولاستفادة منها للقيام بالأنشطة التنظيمية على أساس المعرفة الموجودة أصلا والعمل على تطويرها مستقبلا".

ويشير بليك إلى أنها "الحصول على الخبرات الجماعية أينما وجدت وتوزيعها بالكيفية التي تساعد على تحقيق أعلى قدر من الإنتاجية".

أما مارتيز فيرى أنها "تشجع الأفراد لتبادل المعرفة فيما بينهم بخلق البيئة المناسبة ووضع النظم الملائمة لاكتساب وتنظيم وتقاسم المعرفة في كل أرجاء المؤسسة التربوية".

ويترتب على النظر إلى المعرفة التنظيمية كشيء يمكن تخزينه وتصنيفه وتداوله باستخدام تكنولوجيا المعلومات(IT)والخلط بين المعلومات والمعرفة حيث يكون التركيز هنا بصورة كبيرة على تكوين قاعدة بيانات لتخزين المعلومات وجعلها متاحة ولعل ذلك مرده أن تخزين المعلومات هو المرحلة الأولى في إدارة المعرفة وجعلها جزءا من قاعدة المعرفة بالمؤسسة التربوية.

إن التقدم التكنولوجي يؤدي إلى تبادل المعلومات والبيانات بشكل أسرع ولكنها تظل كعنصر مفيد مساند أكثر كونها من صلب الموضوع لإدارة المعرفة أما المدخل الإداري فأنه ينظر إلى إدارة المعرفة باعتبارها عملية الهدف منها تحسين مستوى الأداء وزيادة الفعالية التنظيمية والارتفاع بقدرات المؤسسة التربوية.

وعلى هذا فإن المداخل تنظر إلى إدارة المعرفة من زوايا مختلفة مع رؤيتها لمفهوم المعرفة التنظيمية وطبيعتها غير أن إدارة المعرفة يمكن فهمها بصورة أفضل إذا ما تم النظر إليها باعتبارها عملية تسعى إلى تحقيق أعلى قدر من الفاعلية التنظيمية في إطار محددات تفرضها البيئة التنظيمية والتفاعل الاجتماعي داخل المؤسسة التربوية.

وظائف إدارة المعرفة:

ينظر المدخل الإداري إلى إدارة المعرفة كعملية تتضمن العديد من المراحل التي يختلف فيها الكتاب والباحثون بشأنها فهناك من يشير إلى أنها لاكتساب واستخدام المعرفة وهناك من يرى أنها تتضمن خمس مراحل هي: تكوين المعرفة،تثبيت المعرفة،توزيع المعرفة، تطبيق المعرفة، وهناك من يشير إلى مرحلة خامسة تتمثل في تأمين المعرفة ونرى من جانبنا أنه يمكن النظر إلى عملية إدارة المعرفة كصورة متتابعة من اكتساب المعرفة وتخزينها ونقلها وتطبيقها.

اكتساب المعرفة:

يقصد باكتساب المعرفة تلك العملية التي تسعى المؤسسة التربوية من خلالها إلى الحصول على المعرفة وتتعدد مصادر الحصول عليها وتتدرج مابين المعرفة الضمنية والمعرفة الصريحة.

ولا يعني اكتساب المعرفة حصول المؤسسة التربوية على معرفة جديدة فقط ولكنه يعني مدى قدرة المؤسسة التربوية على إبداع المعرفة. ويشير إبداع المعرفة إلى قدرة المؤسسة التربوية على تطوير أفكار وحلول مبتكرة بإعادة ترتيب ومزج المعرفة الصريحة والمعرفة الضمنية من خلال التفاعلات التي من شأنها تكوين حقائق ومعان جديدة ويتوقف الحكم على كون المعرفة جديدة، قدرتها على حل المشكلات القائمة بشكل أكثر فاعلية.

واستناداً إلى التصنيف الذي قدمه (نوناكا وتاكيوتشي) للمعرفة التنظيمية والتمييز بين المعرفة الضمنية والصريحة فقد طور نموذج طبقت عليه دورة إبداع المعرفة (SECI) اختصاراً لأربع كلمات تشير إلى عمليات فرعية أربع في دورة إبداع المعرفة هي:

1. (Socialization)

2. (Externalization)

3. (Combination)

4. (internalization)

وطبقا لنموذج SECI فإن المعرفة تنشأ من خلال عمليـة تحويـل بـين المعرفـة الضمنية والمعرفة الصريحة بما ينتج عنـه مـن دورة لإبـداع المعرفـة، وتتضمن عمليـة التحويـل أربـع عمليات فرعية هي: التنشئة(Socialization)، وهـي العمليـة التـي يتم من خلالها خلق معرفة ضمنية توليفة عن طريق تبادل الخبرات والمهارات الفنيـة بـين الأفراد لبعضهم البعض.

يأتي بعد ذلك عملية التجسيد (Externalization) أي تجسيد المعرفة الضمنية وتحويلها إلى معرفة صريحة ويتم ذلك من خلال عملية الاتصال التي تستخدم اللغـة في الحوار والتفكير الجماعي وتتمثل العملية التالية في الضم (Combination) حيـث يتم تحويل المعرفة الصريحة خلال الدمج والتصنيف وهو ما يعني معرفـة صريحـة جديدة أما العملية الأخيرة فإنه يتم فيها خلق معرفة ضمنية جديدة من المعرفة الصـريحة عـن طريق إضفاء الصفة الذاتيـة عليهـا (Internalization) والتـي تـتم عـن طريق عمليـة التعلم وتستخدم معرفة صريحة مثل الإرشادات والأدلـة والقصص التـي يـتم تـداولها شفويا كلما أمكن ذلك.

تخزين واسترجاع المعرفة:

قد تبـذل المنظمـة جهـدا كبيرا في اكتسـاب المعرفة إلا أنهـا قـد تكـون عرضـة لتفقدها سواء بالنسيان أو تعـثر سـبل الوصول إليهـا ومـن هنا فـان تخزين المعرفة واسترجاعها عند الحاجة يشكل عنصرا عامـا مـن عناصـر إدارة المعرفة ويشار إلى هـذا العنصر غالبا باسم الذاكرة التنظيمية والتي يعرفها (Stein and Zwass) بأنها "الطـرق التي من خلالها تؤثر معرفة المـاضي وخبراتـه وأحداثـه في الأنشـطة التنظيميـة الحاليـة" ويمكن تصنيفها إلى نوعين هما: الذاكرة اللفظية (Semantic)

وتشير المعرفة الصريحة مثل أرشيف المؤسسة التربوية وتقاريرها السنوية وما شابه ذلك والنوع الثاني هو الذاكرة العرضية (Episodic) ويقصد بها المعرفة المحددة المرتبطة بموقف معين في سياق محدد كاتخاذ قرار معين ونتائجه في زمان ومكان محددين. (Zwass,1995)

وقد يكون للذاكرة التنظيمية تأثيرات إيجابية أتأثيرات سلبية على السلوك والأداء التنظيمي ومن الأمثلة ذلك التأثيرات الإيجابية أن خبرات التغيير التنظيمي في الماضي تجعل من السهل تنفيذ برامج التغيير الحالية كما أنها تساعد على إعادة تطبيق حلول عملية بشكل متقن وإجراءات محددة من شأنها تجنب إهدار الوقت والموارد التنظيمية كرار أعمال وإجراءات تثبت نجاحها. أما التأثيرات السلبية فتمثل بالتمسك بالماضي والمحافظة على الوضع الراهن الذي من شأنه تكريس ثقافة تنظيمية مناهضة للتغيير. ولا شك أن لتكنولوجيا المعلومات أثر كبير على الذاكرة التنظيمية بما تنتجه من نظم متطورة لتخزين واسترجاع البيانات ونظم إدارتها بما يؤدي الاحتفاظ بالمعرفة وسهولة استخدامها.

نقل المعرفة:

المعرفة في بحاجة إلى ترتيبات تنظيمية وثقافة تنظيمية مساندة لنقلها وتقاسمها في أرجاء المؤسسة التربوية وهي ليست مسألة سهلة حيث يعتمد نجاحها إلى حد كبير الثقافة التنظيمية السائدة بالمؤسسة التربوية التي تعتمد على علاقات تقليدية من الرقابة والسلطة تجد من الصعب عليها نقل المعرفة لأن العقلية الإدارية القائمة على الأمر والإشراف تحد من فرص تشكيل الجماعات والوحدات الاجتماعية وتفاعلها مع بعضها البعض.ويعتمد نقل المعرفة وتقاسمها على وجود آليات فعالة تتيح ذلك،هذه الآليات يمكن أن تكون رسمية مثل التقارير وأدلة التدريب والاجتماعات الرسمية المخططة والتعلم أثناء العمل أو غير الرسمية مثل الاجتماعات والندوات والحلقات النقاشية التي تتخذ طابعا رسميا مقننا وتتم عادة في غير أوقات العمل.

مثل هـذه الآليـات غـير الرسـمية يمكن أنتكـون فعالـة في الجماعـات الصغـيرة الحجم إلا أن من شأنها أن تؤدي إلى فقدان جزء من المعرفة حيث لا يكون هناك ضمان لأن تنتقل المعرفة بشكل صحيح من شخص لآخر إلى جانب مـدى قـدرة المتلقـي عـلى تشغيل المعرفة وتنقيتها وتفسيرها طبقا لإطاره المرجعي.

وعلى الجانب الآخر يمكن للآليات الرسمية أن يكـون أكـثر فعاليـة وأن تضـمن نقل أكبر للمعرفة إلا إنها قد تعوق عملية الابتكار وعلى ذلك فإن الجمـع بـين الآليـات الرسـمية وغـير الرسـمية مـن شـأنه أن يـؤدي إلى فعاليـة في نقـل المعرفـة وتقاسمها.

(Audreg et al,2001)

تطبيق المعرفة:

ويعني تطبيق المعرفة جعلها أكثر ملائمة للاستخدام في تنفيـذ أنشطة المؤسسـة التربوية وأكثر ارتباطا بالمهام التي تقوم بها ومن الملاحظ أن الدراسات والأبحاث الخاصة بإدارة المعرفة لم تعط اهتماما كبيرا لهذه المرحلة من عملية إدارة المعرفة استنادا إلى أنه من المفروض أن تقوم المؤسسة التربوية بالتطبيق الفعال للمعرفة والاستفادة منهـا بعـد إبداعها وتخزينها وتطوير سبل استرجاعها ونقلها إلى العاملين .

وعلى سبيل المثال فقد ناقش(نوناكا وتاكيوتشيـ) عمليـة إبداع المعرفـة داخـل المؤسسة التربوية ولم يتطرقا إلى عملية تطبيقها استنادا إلى أنه طالمـا تـم إبداع المعرفة فإنه سيتم بالقطع تطبيقها والاستفادة منها.

وتشير الكثير مـن الأدبيـات بشكل ضـمني إلى تطبيـق المعرفـة عنـد مناقشـتها لتخزين المعرفة وتقاسمها وليس على أساس كونها عملية منفصلة، ويشـير (Grant) إلى أنه يمكن التمييز بين آليات ثلاث لتطبيق المعرفة وهي: التوجيهات، وفـرق العمـل ذات المهام المحددة ذاتيا ويقصد بالتوجيهـات مجموعـة محـددة مـن القواعـد والإجـراءات والتعليمات التي يتم وضعها لتحويل المعرفة الضمنية للخبراء إلى

معرفة صحيحة لغير الخبراء أما الروتين فيشير إلى وضع أنماط للأداء ومواصفات للعمليات تسمح للأفراد بتطبيق ودمج معرفتهم المتخصصة دون الحاجة إلى الاتصال بالآخرين، أما الآلية الثالثة وهي بناء فرق العمل ذات المهام المحددة ذاتيا فيتم استخدامها في المواقف التي تكون فيها المهام معقدة وتتسم بقدر من عدم التأكد ولا يمكن استخدام التوجيهات أو الروتين بشأنها وفي هذه الآلية تتولى الفرق ذات المعرفة والتخصصات المطلوبة التصدي لحل المشكلات. (Martensson,2000)

محددات إدارة المعرفة التنظيمية:

لا تعمل إدارة المعرفة في فراغ بل تعمل في إطار بيئة تنظيمية تتضمن العديد من العناصر والمتغيرات غير أن هناك متغيرات أربعة تتفاعل فيما بينها وتؤثر بالإيجاب أو السلب على عملية إدارة المعرفة بمعنى أنها قد تكون مساندة لإدارة المعرفة بما يحقق فعالية تنظيمية أكبر كما أنها قد تكون معرفة،هذه المتغيرات الأربعة وكما يوضح الشكل التالي هي: الثقافة التنظيمية، الهيكل التنظيمي، تكنولوجيا المعلومات، القيادة التنظيمية.

الثقافة التنظيمية:

تمثل الثقافة التنظيمية محددا هاما لإدارة المعرفة فالمعرفة كما سبق وأشرنا ليست هي المعلومات وإن تقاسم المعرفة ليس هو تقاسم المعلومات فالمعرفة ليست مجرد وثائق وملفات وبرامج وحاسب بل توجد في عقول الأفراد والجماعات البشرية ويعني ذلك أن العلاقات بين البشر تلعب دورا حاسما في إبداع المعرفة ونشرها والاستفادة منها في ربوع المؤسسة التربوية.

كما أن الثقافة التنظيمية تتضمن عناصر ثلاثة هي: (Schein, 1995)

1. **القيم (Values):** وتشير إلى ما قد يعتقد أعضاء المؤسسة التربوية أنه الأفضل وأن من شأنه تحقيق نتائج مرغوبة تعبر عن طوح المؤسسة التربوية والقيم هي أحكام يكتسبها الفرد وتحدد مجالات تفكيره وسلوكه.

2. **المعايير (Norms)** وهي المقاييس المشتركة حول كيفية تصرف البشر داخل المؤسسة التربوية وهم بصدد إنجاز أعمالهم.

3. **الممارسات (Practices)** ويقصد بها ما يتم إتباعه فعلا من إجراءات رسمية أو غير رسمية عند القيام بالأنشطة والمهام المطلوبة مثل خطوات عملة لتنفيذ المشروعات والاجتماعات واللقاءات الرسمية وغير الرسمية.

الهيكل التنظيمي (Organizational structure):

يلعب الهيكل التنظيمي دورا أساسيا في إدارة المعرفة فقد يكون عنصرا معاونا لإدارة المعرفة كما أنه قد يؤدي إلى نتائج غير مقصودة ويمثل عقبة أمام التعاون وتقاسم المعرفة داخل المؤسسة التربوية ، على العكس من ذلك فمن شأن الهيكل الذي يتسم بالمرونة والبعد عن الإطار الهرمي الجامد، تشجيع التعاون المشترك في المعرفة داخل المؤسسة التربوية ،وعلى الرغم من أنه لا يوجد شكل تنظيمي بذاته يمكن الأخذ به على سبيل أداة فعالة للمعرفة إلا أن ثمة هياكل تنظيمية يترتب على الأخذ بها إلغاء الكثير من النفقات الخاصة بالبيروقراطية وتحقيق درجة أكبر من المرونة تمكنها من تنفيذ الاستراتيجيات والخطط بإدارة المعرفة. (Lang,2001)

تكنولوجيا المعلومات (Information Technology):

يرى البعض أن التكنولوجيا هي أهم المحددات لإدارة المعرفة فالمؤسسات التربوية التي توظف التكنولوجيا بأفضل طريقة لإدارة المعرفة ستكون الأحسن قدرة على البقاء والاستمرارية في ظل المنافسة الموجودة حاليا في سوق الخدمات والسلع وتستخدم التكنولوجيا في جمع وتصنيف وإعداد وتخزين وتوصيل البيانات بين الأجهزة والأشخاص والمؤسسات التربوية من خلال وسائط متعددة ومن شأن استخدام تكنولوجيا المعلومات في برامج إدارة المعرفة تحسين قدرة العاملين على

الاتصال ببعضهم لعدم وجـود الحـواجز التـي تكـون موجـودة بسـبب المكـان والزمان والمستوى الوظيفي وإتاحـة مرونـة أكثر في التعامـل مـع المعلومـات والبيانـات وذلك لوجود قواعـد بيانـات وإمكانيـة تشـغيلها عـن بعـد وفي أي مكـان وهـي متاحـة للجميع وليست في حوزة أشخاص بعينهم. (Gomolski,1997)

القيادة التنظيمية:

تلعب القيادة دورا بالغ الأهميـة في إدارة المعرفـة فالقائـد هـو النمـوذج الـذي يحتذي به الآخرون وكما أن هناك أسلوبا للتعلم من خلال العمل فمـن الضرـوري تبنـي أسلوب التعلم من خلال القدرة أيضا فالقائـد هـو المسـؤول عـن بنـاء واستمرار ونجـاح المؤسسة التربوية وما بها من أفراد وجماعات وفرق عمـل يسـعون إلى تطـوير قـدراتهم بشكل مستمر ومتواصل ويقع على القائـد عـبء تصـميم الاسـتراتيجيات لإدارة المعرفـة وتحديد الدور المنوط بكل فرد أو مجموعة عمل. (De long.1997)

وتتيح مناقشتنا لعملية إدارة المعرفة ومحدداتها بين المداخل الأربعة التي أشرنا إليها أن نضع تصور لإطار تحليلي يمكن تطبيقه.

وينطلق هذا الإطار التحليلي من أن الهـدف الأساسي لإدارة المعرفة داخل أي المؤسسة التربوية أيا كان شكلها وطبيعة النشاط الذي تقوم به هـو تحقيـق أعـلى قـدر ممكن من الفعالية التنظيمية وهي هنا بمثابة المتغير التابـع أمـا المتغيرات المسـتقلة فتتمثل في عناصر عملية إدارة المعرفة وهي: اكتسـاب المعرفة،تخزين المعرفة، نقل المعرفة، ويأتي بعد ذلك المحددات الأربعة والتي يمكن النظر إليهـا كمتغيرات وسـيطة وهي: الثقافة التنظيمية، الهيكل التنظيمي، تكنولوجيـا المعلومـات، القيـادة التنظيميـة، ويلخص الشكل التالي تصورا لهذا الإطار التحليلي من خلال الشكل التالي:

شكل رقم (4)

المحددات الأربعة الوسيطة

تكنولوجيا المعلومات   الثقافة التنظيمية للمؤسسة   التربوية

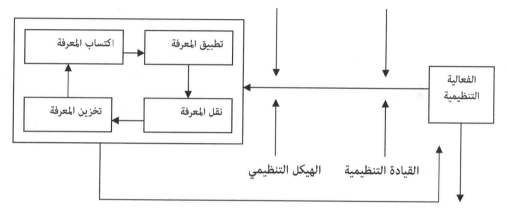

القيادة التنظيمية   الهيكل التنظيمي

"Schein, E, (1995), Organizational culture and leadership (San Francisco: Jossey-Bass), P.28"

ويتطلب تطبيق هذا الإطار التحليلي تحويل المتغيرات إلى مؤشرات يمكن قياسها واستخدام قياس مناسب وأدوات إحصائية لتحليل النتائج وقد يكون ذلك موضوعا لدراسة أخرى يمكن الاستفادة من نتائجها في تعديل الإطار التحليلي.

أوضحت لمفهوم إدارة المعرفة ومداخلها المختلفة أن من أهم الصعاب والعقبات حول إدارة المعرفة النظرة المحدودة للمفهوم باعتبارها مرادفا لتكنولوجيا المعلومات أو لرأس المال الفكري وكذلك الافتقار إلى نموذج يحظى بالقبول حول تكوين المعرفة ونشرها وغياب النظم العمليات التي يتم تصميمها لدعم وتقييم أثرها على فعالية المؤسسة التربوية وقد أتاحت مراجعتنا للأدبيات والمداخل المختلفة لإدارة المعرفة إلى استخلاص إطار تحليلي يمكن تطبيقه.

معيقات تطبيق إدارة المعرفة: KM Implementation Limitations

لا شك في أن تبني إدارة المعرفة (KM) من قبـل المؤسسـة التربويـة في الغالـب تصاحبه مجموعة من المصاعب والمحددات وهي:

1. إن التغير المطلوب في الثقافة يمكن أن يكون مؤذيا عدا عن كونه بطيئا.

2. الاستثمار في الوسائل الضرورية لتطبيق إدارة المعرفة يمكن أن يكون ضعيفا.

3. إدارة المعرفة هي خلية لحلول عالية المستوى.

4. إن حاجز أو جدار التشويش حول قياس المعرفة يعرقل ويمنع النمو.

ويرى (Laudon&Laudon,2003) أن من المصاعب التي يمكن أن تواجه إدارة المعرفة هي:

1. رداءة نوعية المعلومات المعرفية.

2. عدم دقة البيانات والمعلومات المعرفية.

3. عدم اتساق المعلومات الواردة مع المصادر الأخرى للمعلومات.

4. إن انسياب المعلومات المعرفية الرديئة إلى مصادر القـرار دون أن يكتشـفها احد فإنها بالتأكيد تقود إلى قرارات سيئة.

رغم ما تم استعراضه إلا أن الدراسات الميدانية الخاصة بإدارة المعرفة تشـير إلى أن العديد من الباحثين والمختصين (Vaas, Laudon, Browon) يؤكـدون عـلى أن إدارة المعرفة وتطبيقاتها ستكون لها أهمية واسعة بل هناك من يرى أن المعرفة هـي رأسـمال قد يحدد القيمة الفعلية للشركة أو المؤسسة مستقبلا وذلك ربمـا يقـرع أجـراس الخطـر أما المؤسسات التربوية التي تتخلف عن تبني إدارة

المعرفة.فإن مقولة ولترويستون رئيس مجلس إدارة (Citibank) إن المعرفة والمعلومات عن المال أصبحت تساوي بأهميتها المال نفسه.

أبعاد إدارة المعرفة: **Dimensions Of Knowledge Management**

يرى (Duek, 2001: 885) أن هناك ثلاثة أبعاد لأساسية للمعرفة وهي:

1. **البعد التكنولوجي** (Technological Dimension): ومن أمثلة هذا البعد محركات البحث وقواعد بيانات إدارة رأس المال الفكري والتكنولوجيات المتميزة،والتي تعمل جميعها على معالجة مشكلات إدارة المعرفة بصورة تكنولوجية، ولذلك فإن المؤسسة التربوية تسعى إلى التميز من خلال امتلاك البعد التكنولوجي للمعرفة.
2. **البعد التنظيمي واللوجستي للمعرفة** (Organizational Logistical Dimension): هذا البعد يعبر عن كيفية الحصول على المعرفة والتحكم بها وإدارتها وتخزينها ونشرها وتعزيزها ومضاعفتها وإعادة استخدامها.ويتعلق هذا البعد بتجديد الطرائق والإجراءات والتسهيلات والوسائل المساعدة والعمليات اللازمة لإدارة المعرفة بصورة فاعلة من أجل كسب قيمة اقتصادية ومعرفية.
3. **البعد الاجتماعي** (Social Dimension): هذا البعد يركز على تقاسم المعرفة بين الأفراد، وبناء جماعات من صناع المعرفة، وتأسيس المجتمع على أساس ابتكارات صناع المعرفة، والتقاسم والمشاركة في الخبرات الشخصية وبناء شبكات فاعلة من العلاقات بين الأفراد، وتأسيس ثقافة تنظيمية للمؤسسة التربوية.

ويشير(chauvel and Despres, 2001) إلى أن لإدارة المعرفة أربعة أبعاد أساسية يتعلق كل منها بالتركيز على محور محدد، وهي:

1. **البعد الأول:** التركيز على الأفراد: يجري التركيز على تحقيق المشاركة بين الأفراد بالمعرفة المتاحة، وتوسيع وبناء قدرات معرفية واسعة ومتميزة.

2. **البعد الثاني:** التركيز على إدارة المعلومات (IM) وتكنولوجيا المعلومات (IT): يجري هذا التركيز على المعرفة المتعلقة بإدارة المعلومات وتكنولوجيا المعلومات، ويجري التأكيد والتركيز على المعرفة المرتبطة بالتكنولوجيا واستخداماتها.

3. **البعد الثالث:** التركيز على الأصول الفكرية ورأس المال الفكري: ضمن هذا المحور يجري التركيز على استخدام المعرفة بما يؤدي إلى دعم وتعزيز القيمة الاقتصادية للمؤسسة التربوية، وضمان توفير رأس المال الفكري الذي يحقق ميزة تنافسية دائمة تكفل نجاحا طويل الأمد للمؤسسة التربوية.

4. **البعد الرابع:** التركيز على فاعلية المؤسسة التربوية: يجري هنا التركيز على استخدام المعرفة بما يقود إلى تطوير وتحسين الفاعلية التشغيلية والفاعلية التنظيمية للمؤسسة التربوية.

وهناك من يقسم أبعاد المعرفة إلى:

أولاً: وسائط المعرفة (Knowledge Agents)

يعد وسطاء المعرفة من أهم عناصر تدفق المعرفة حيث أن منتجات المعرفة لا تؤدي الأفعال أو تقوم باتخاذ القرارات. إن أداء الأعمال واتخاذ القرارات تتم من خلال وسطاء المعرفة (الأفراد، المؤسسة التربوية، المجموعات، والتكنولوجيا)، إن وسطاء المعرفة هي التي تقوم بكل الأعمال وتمثل سلوكيات تدفق المعرفة، فالأفراد في المؤسسات التربوية المعاصرة أصبحوا قلة في تدفق المعرفة وحل محلهم المعرفة التكنولوجية وهي أجهزة الكمبيوتر بالإضافة للأفراد والمؤسسة

التربوية والمجموعات قوى المعرفة. من هنا يمكننا أن نصنف المعرفة إلى ثلاثة أصناف (وسطاء المعرفة الفردية، وسطاء المعرفة الجماعية، ووسطاء المعرفة التكنولوجية).

إن الفرق بين وسطاء المعرفة الثلاث هو أن وسطاء المعرفة الفردية تمكنهم أن يتفاعلوا مع وسطاء المعرفة الضمنية في حين أن وسطاء المعرفة التكنولوجية لا يستطيعون وأما الأخير فلديه مقدرة على نقل المعرفة أسرع من وسطاء المعرفة الفردية في حين أن وسطاء المعرفة الجماعية ليست متناسقة لأن هذه الجماعات مكونة من أفراد تجمعهم ثقافات متنوعة ومختلفة من حيث المقدرة في إيجاد وتعزيز ونقل المعرفة واستخداماتها (Kuhn,1998).

ثانياً: تحويل المعرفة (Knowledge Transformation)

يعد تحويل المعرفة الأداة من خلالها يتم توفير المعرفة في المؤسسة التربوية من أجل إتمام الأنشطة واتخاذ القرارات المناسبة لذلك وبالتالي تمكن الأفراد و المؤسسات التربوية من تحقيق الأهداف، ففي حين نجد أن قوى المعرفة هي المسئولة عن الأنشطة وهي التي تنقل المعرفة من مصادرها من خلال إيجادها وتعزيزها ونقلها ومن ثم استخدامها في اتخاذ القرارات المناسبة. إن إيجاد المعرفة يكمن في السلوكيات المرافقة لإدخال معرفة جديدة إلى أي نظام معرفي، إن إيجاد المعرفة يتضمن التطوير والاكتشاف والحصول على معرفة جديدة ثم الاختيار لهذه المعرفة الجديدة. (Bollinger and Robert,2001)

إن إيجاد المعرفة يعني السلوك الإبداعي للأفراد والجماعات و المؤسسات التربوية، وهي المسئولة عن كل أنواع الاختراعات الجديدة والحديثة، فمثلا عندما تقوم المنظمة بتعيين موظف جديد فهي في النهاية سوف تستفيد من معرفته وتضيف معرفة جديدة وعندما تستقطب مستهلكا جديدا فهي كذلك تستفيد معرفة جديدة وحتى عندما تندمج المنظمة مع منظمة أخرى فهذا سوف يؤدي إلى معرفة جديدة. إن

إيجاد المعرفة يمكن أن يتم من خلال الأبحاث والخبرات، والتعلم، والبيانات، وعدة طرق أخرى. بعد معرفة كيفية أيجاد المعرفة لابد وأن نتعرف على كيفية الاحتفاظ بها لأننا لا نعرف فيما إذا كنا سنستخدمها في القريب العاجل أم في المستقبل ولابد أن نعزز هذه المعرفة. إن سلوكيات ووسائل المعرفة المرافقة لتعزيز هذه المعرفة تتضمن جميع الأنشطة اللازمة لحفظها في نظام يمكن العودة لها في أي وقت مناسب لاستخدامها. إن تعزيز المعرفة يكمن في جميع الأنشطة التي تؤدي إلى المحافظة عليها باستمرار وتوفيرها في الزمان والمكان المناسبين لأصحاب القرار من خلال أنظمة خاصة بها. ولفهم آلية تعزيز المعرفة لابد من معرفة الآتي:

1. الصعوبات والمعوقات أمام وسطاء المعرفة.

2. ماذا بعد تعزيز المعرفة؟

3. تأثير تعزيز المعرفة الحالية على خطوات تعزيزها بالمستقبل.

إن تدفق المعرفة يتضمن أكثر من وسيط معرفي واحد بل العديد منها لذلك فإن نقل المعرفة تتنوع وتختلف، من هنا تبرز أهمية عنصر نقل المعرفة بل يعد العنصر السائد وهو يكمن في الاتصال، الترجمة، المحادثة، والتقييم، والحفظ بل يتعدى كل هذه الخطوات والمسألة تحتاج إلى المزيد من البحوث حول هذه المواضيع. (Bollinger and Robert,2001)

فاعلية المديرين (المصطلح والمفهوم):

تأتي كلمة الفاعل بمعنى الفعال وهو الذي يتصف بالقدرة على الفعل والشخص الفعال هو المتصف بالنزوع القوى وتعني كلمة فاعلية النشاط التلقائي المؤثر وهي النزوع الطبيعة لإتيان الفعل ويدل مذهب الفعالية على القول أن الحياة أساسها الفعل وأن السلوك اتجاه إلى تحقيق فعل بحيث يكون الفعل هو ميزان قيمة السلوك والفاعلية في علم النفس هي جملة الظواهر النفسية المتصلة بالعواطف والإرادة (الحفنى، 2000).

وتدل كلمة فاعلية على النشاط أو كل عقلية علمية أو بيولوجية متفوقة على استخدام طاقة الكائن الحي أو كل عملية عقلية أو حركية تمتاز بالتلقائية أكثر منها بالاستجابة.

وفي العربية تأتي الفاعلية لوصف في كل ما هو فاعل والفاعل هو العامل والقادر (أنيس وآخرون، 1973)، وفي القرآن الكريم (والذين هم للزكاة فاعلون) أي مؤمنون.

وتعرف الفاعلية في الأدب الإداري على أنها صفة في السلوك الذي تبذل فيه طاقة ويترتب عليه تغيرات مفيدة اجتماعيا وتفهم من خلال عائد السلوك وليس من خلال الشخص الذي يصدر عنه السلوك (فرج، 1993).

وهي بهذا تصرف من أجل إشباع وتلبية العديد من الأهداف (,Kirchoff 1977) وتعرف على أنها المقدرة على إحداث النتائج المرغوبة من خلال استغلال المهارات والقدرات التي يمتلكها الشخص (Guralink, 1984).

وينظر (ردن) للفاعلية من خلال الدرجة التي يحقق عندها المدير النتائج المرتبطة بالمركز الذي يشغله (Analoui, 1997) والفاعلية الإدارية هي النتيجة التي يحققها المدير والمقياس الذي يدل على إنجازه للأهداف ومدى ما يحققه من مخرجات وترتبط فاعلية المدير بقدرته على اختيار الأهداف المناسبة وصياغتها ولتكون قابلة للقياس والعمل على تحديد الأنشطة المطلوبة لتحقيق هذه الأهداف ويساعد المدير في الوصول إلى درجة عالية من الفاعلية ومدى قدرته على تحديد الأشياء الصحيحة في العمل ثم إنجازها (الشيخ،1997).

وهي أبعد من أن تتحقق بمجرد توافر صفات ومهارات معينة لدى المديرين إلا أن توافر هذه الصفات إلى جانب قدرات وقيم المديرين قد يشكل الأساس الذي ينطلق منه المدير نحو تحقيق الفاعلية ويلعب الموقف الإداري بعناصره المختلفة (الرؤساء، المرؤوسين، الزملاء، طبيعة العمل، المتطلبات التي تمليها طبيعة

المنصب) تأثيرا واضحا في مساعدة المدير على تحقيق أهدافه والوصول إلى درجة عالية من الفاعلية (الهوا ري،2000).

وهي ليست حالة مطلقة تتحقق أو لا تتحقق لكنها حالة يمكن النظر إليها من خلال محور يمتد بين نقطتين يمثل أحد طرفيه الدرجة الأكثر فاعلية فيما يمثل الطرف الآخر الدرجة الأقل فاعلية ويتدرج المديرون على هذا المحور اقترابا وابتعادا من هذين الطرفين (العدلي، 1995).

وجاء مدخل الفاعلية الإدارية نتيجة عدم رضا الباحثين عن نظريات القيادة الإدارية وأنماطها وعجزها عن الخروج بمفهوم واضح ومحدد وشامل ويستند هذا المدخل إلى محاولات التعرف على العوامل التي تؤدي إلى صفات المدير الفاعل مثل الصفات الشخصية والمهارات الإدارية والمعرفية والمعتقدات والقيم (ياغي، 1955).

وتشمل محاولات دراسة الفاعلية الإدارية قسمين قسم تضمن النظريات والدراسات التي أظهرت الاهتمام بالمذهب الوظيفي من خلال التركيز على الجوانب الموضوعية والأوامر في العمل فيما يتضمن القسم الثاني الدراسات التي ركزت على الحاجة إلى فهم وجهات النظر وتطلعات المديرين ومستوى فاعليتهم والدافعية التي تكمن وراء تصرفاتهم. (Analoui,1997)

مفهوم الفاعلية:

تمثل فاعلية المؤسسة التربوية أحد الموضوعات المهمة في دراسة وتحليل أداء المؤسسات التربوية وقدرتها على تحقيق أهدافها.

حيث ارتبط مفهوم الفاعلية بكل ظاهرة إدارية سعيا وراء فهم نجاح أو فشل المؤسسة التربوية في تأديتها لأعمالها وقد تعرض مفهوم الفاعلية إلى التفاوت في وجهات النظر الفكرية من حيث تحديد معناها الشامل والدقيق.

فقد عرف (حريم 72:2003) الفاعلية على أنها مدى قدرة المؤسسة التربوية على تحقيق أهدافها.

أما القريوتي فعرف الفاعلية بأنها قدرة المؤسسة التربوية على تحقيق الأهداف طويلة وقصيرة الأجل والتي تعكس موازين القوى للجهات ذات التأثير ومصالح الجهات المعنية بالتصميم ومرحلة النمو أو التطور الذي يمر به التنظيم (القريوتي، 2000م).

ويعرفها (الشماع وحمود) بأنها السبل الكفيلة باستخدام الموارد البشرية والمادية والمالية والمعلوماتية المتاحة استخداما قادرا على تحقيق الأهداف والتكيف والنمو والتطوير (الشماع، 28: 20م).

ويرى الصواف أن الفاعلية مركب مفاهيمي متعدد الجوانب ومختلف المعاني ولذلك لا بد من التعامل معه على أساس هذا المنطلق (الصواف، م50: 1989).

مداخل الفاعلية:

إن عدم اتفاق الباحثين على تعريف واضح ودقيق وجامع للفاعلية أدى إلى ظهور عدة مداخل رئيسية للفاعلية.

فقد ذكر (السالم، 1999) أن هناك أربعة مداخل رئيسية للفاعلية وهي:

1. **مدخل تحقيق الهدف**: ويرى هذا المدخل أن فاعلية المؤسسات التربوية تقوم من خلال مدى تحقيقها لأهدافها حيث أن المؤسسات وجدت من أجل تحقيق أهدافها حيث يؤكد هذا المدخل شروطا معينة للأهداف بحيث تكون الأهداف غير شرعية، واضحة، قابلة للقياس والتحقق، ويعاب على هذا المدخل عدم تحديده للأهداف التي يجب أن تقاس هل هي أهداف الإدارة العليا أو غيرها حيث أن هناك أهدافا عديدة داخل المؤسسة التربوية وكما يركز هذا المدخل على المخرجات فقط.

2. **مدخل النظم:** يرى هذا المدخل أن المؤسسات التربوية هي عبارة عن أنظمة مفتوحة عبارة عن مدخلات يتم تحويلها إلى مخرجات ولذلك لابد من نظرة أوسع لقياس الفاعلية وذلك من خلال الاهتمام الذي يعكس قدرة المؤسسة التربوية على التفاعل بنجاح مع بيئتها الخارجية حيث يعتبر هذا المدخل أن المؤسسات عبارة عن أنظمة فرعية متفاعلة مع المؤسسة ويعاب على هذا المدخل صعوبة قياس بعض المعاير مثل المرونة، واستجابة المنظمة للبيئة.

3. **مدخل العناصر الإستراتيجية:** يرى هذا المدخل أن المؤسسة التربوية الفعالة هي التي ترضي طلبات الجهات أو الأطراف الموجودة في بيئتها تلك الأطراف التي تدعم المؤسسة سواء الوردين للمعرفة أو المستهلكين أي إرضاء العناصر التي تؤثر على استمرارية نشاط المؤسسة التربوية.

4. **مدخل القيم التنافسية:** يعتمد على افتراض عدم وجود معيار مثالي حيث أن ليس هنالك إجماع على الأهداف التي يهدف إليها التنظيم حيث أن معايير تقييم الفاعلية التنافسية ولكنها متعارضة مع بعضها البعض في مجموعات متقاربة حيث يتم ترتيب في أربعة مجموعات هي: المرونة ضد السيطرة والأفراد ضد المنظمة والوسائل والتنظيمات.

ويحدد (حريم 2003) نماذج فاعلية المؤسسة التربوية **من خلال:** نموذج تحقيق الهدف ونموذج العمليات الداخلية ونموذج رضا الجماعات ونموذج تأمين الموارد فاعلية المديرين والفاعلية التنظيمية،حيث تشير الفاعلية التنظيمية إلى قدرة المؤسسة التربوية على تحقيق نتائج إيجابية وبدرجة عالية من الكفاءة وعلى قابلية المديرين في اختيار الأهداف والوسائل المناسبة لتحقيقها.

أنواع فاعلية المديرين:

يشـير رديـن إلى ثلاثـة أنـواع مـن الفاعليـة هـي:الفاعليـة الشخصـية، الفاعليـة الإدارية، الفاعلية الظاهرة (المدهون والجزراوي، 1995).

ويرى بنيس حسب ما وردت أفكاره في أن فاعلية المديرين ذات شقين أولهما شخصية تتعلق بكيفية إدارة المدير لذاته وثانيهما إدارية تتحقق من خلال ممارسة المدير للإدارة بطريقة متميزة وإذا كانت الفاعلية الشخصية متطلبا أساسيا لتحقيق الفاعلية الإدارية فإنه من الضروري أن يختلف المدير عن الآخرين بطريقته الخاصة في الإدارة التي تقود للوصول إلى درجة عالية من الفاعلية الإدارية.

الفاعلية الشخصية:

ويستدل عليها من خلال تحقيق المدير لأهدافه الشخصية ويسهم في وصول المدير لهذا النوع من الفاعلية توفر مجموعة من الصفات والمهارات من أهمها (الهوا ري، 2000):

1. القدرة في السيطرة على الذات،وهذا يعني أن يكون المدير شخصا إيجابيا ذا عقلية متفتحة نحو الإنجاز وتحقيق الأهداف والبحث عن البدائل والحلول المتعددة لمواجهة المشاكل ومحاولة التأثير على الآخرين.

2. امتلاك الرؤية المستقبلية الواضحة والاتجاه نحو تحقيق الأهداف وجعل الآخرين يتحركون في هذا الاتجاه وتنمية وتجيع التفكير الإبداعي والتحليل المنطقي للأشياء

3. الالتزام بالقيم والمبادئ والسعي لممارستها على أرض الواقع والاسترشاد بها كدليل في سبيل الوصول إلى الأهداف.

4. التمتع بصحة عقلية وجسمية ونفسية جيدة تمكنه من القيام بمهامه وتحقيق أهدافه بفاعلية.

وتتطلب الفاعلية الشخصية التي يسميها البعض بإدارة الذات وان يكون المدير قادرا على وضع الأهداف والتخطيط وصنع القرار وتنظيم العمل في المؤسسة التربوية (Lab bah and Analoui,1996).

ويتحدث (Drucker, 1995) عن مهارات وقدرات يحتاجها المدير ليكون فاعلا منها:

1. الإدارة بالتجول والتي تقضى أن يتجول المدير داخل وخارج المؤسسة التربوية وعدم الانتظار في المكاتب وذلك لمواجهة التغيرات التي تحدث في البيئة الخارجية والاطلاع عن كثب أول بأول على سير العمل.

2. البحث عن المعلومات وتحمل مسئولية متطلباتها والتفكير الدائم في حاجة المديرين والعاملين من المعلومات وتأمين مصدرها.

3. التعلم ويحتاج المدير إلى هذه المهارة من أجل تجديد معلوماته ومعارفه ومواكبة التغيرات والتطورات في المجالات كافة وتعد التغذية الراجعة من المبادئ الهامة في عملية التعلم والتي عن طريقها يمكن تحديد مناطق القوة والضعف والاستفادة منها ولتقادم المعرفة مع مرور الزمن والحاجة لمراجعتها من حين لآخر فإن ذلك يتطلب إن تكون عملية التعلم عملية مستمرة.

4. ترتيب الأولويات فوجود أولوية واضحة من الأمور الضرورية لوصول المدير إلى درجة عالية من الفاعلية ذلك أن انهماك المدير في أعمال مختلفة ومتفرقة في نفس الوقت واعتقاده بأن الأهداف التي يسعى لتحقيقها واضحة مما يجعله يبتعد عن مناقشتها مع الآخرين (كالزملاء والرؤساء والمرؤوسين) إضافة إلى عدم إخباره بأولوياته كل ذلك من الممكن أن ينعكس سلبا على درجة فاعليته.

الفاعلية الإدارية:

إن الفاعلية الإدارية مسألة مقرونة بتحقيق النتائج والمخرجات التي ينجزها المدير بحكم المنصب الذي يشغله وذلك من خلال مماريته لسلوكيات تؤدي به إلى تحقيق أهدافه وأهداف التنظيم مع التأكيد على الإنجاز الفعلي وليس على السلوك ويجري الحديث عن ضرورة توافر مجموعة من القدرات والمهارات التي تساعد على وصول المدير إلى درجة عالية من الفاعلية الإدارية منها (الهوا ري، 2000):

1. الاهتمام بالإنجاز والتفكير بتحقيق النتائج المتوقعة من المنصب الذي يشغله المدير وذلك بالبحث عن كيفية ربط حاجات الأفراد ورغباتهم بمتطلبات العمل.
2. الطريقة المتميزة في الإدارة وحيث أن الفاعلية مرتبطة بتحقيق النتائج والتي لا تقع على عاتق المدير وحده بل هي مسؤولية الجميع لذلك ينبغي أن تكون طريقة المدير ومنهجه في الإدارة طريقة متميزة تعتمد على تحقيق النتائج من خلال الآخرين وتشجيع العمل بروح الفريق وإشراك المرؤوسين في وضع أهداف المؤسسة التربوية وحل مشاكلها وتعزيز الرقابة الذاتية وتشيع الإبداع.
3. التفكير بشكل منطقي ووفق منهجية إبداعية تقوم على مشاركة الآخرين في صنع واتخاذ القرارات بشكل حقيقي وصولا إلى قرارات رشيدة قابلة للتطبيق،العمل على تحقيق أهداف الأفراد وأهداف التنظيم من خلال إشراك المرؤوسين لتحقيق أفضل النتائج ويأتي دور المدير بإعطاء أهمية لكل منصب إداري في المؤسسة التربوية والتأكد من عدم التعارض فيما بينها واستغلال الفرص التي تتطلب المبادرة والابتكار والتركيز على الأهداف الرئيسة وعدم تشتيت الجهود.

4. النظر للتنظيم على أنه نظام للتعاون، العلاقات والاتصالات فيه عضوية وليست رئاسية تسوده روح الفريق والصراحة والمصلحة المتبادلة بين الأفراد من جهة والتنظيم من الجهة الأخرى.

وعلاوة على ذلك فإن المدير الأكثر فاعلية مدير يؤمن بأن الالتزام أفضل طرق التحفيز مقارنة مع الحوافز المادية مثلا كما يؤمن بالرقابة الذاتية لتحقيق الهدف الملتزم به مما يساعد على الاحترام المتبادل بين الأفراد وتجيع الابتكار والأداء الجيد. (الهوا ري، 2000)

وتتحقق الفاعلية الإدارية من خلال فهم السلوك الإنساني والتنظيمي في المؤسسة التربوية الناجم عن تفاعل المتغيرات الإنسانية مع المتغيرات التنظيمية الأمر الذي يسهم في إنجاز الأهداف المشتركة والمرغوبة للأفراد و للمؤسسة التربوية (العديلي، 1995)

ويأتي الاحتراف المهني كأحد العوامل التي تساعد تحقيق المدير لفاعليته وبدل الاحتراف على مستوى الكفاءة في إدارة الأفراد في العمل وينتج من تكامل المعرفة والمهارات والاتجاهات السلوكية المستمدة من نظام التعليم والخبرات الحياتية (النوري، 1999م).

كما يلعب المناخ الذي يخلقه المدير في المؤسسة التربوية عاملا مؤثرا في وصوله إلى درجة عالية من الفاعلية خصوصا إذا لازم ذلك تفاعل عال من الأعضاء وتوجه إيجابي مرتفع والتزام بالأهداف بشكل ذاتي من قبل الجميع (الهوا ري، 2000).

الفاعلية الظاهرية:

يمارس المدير الأكثر فاعلية مجموعة من السلوكيات تفسر على أنها تساهم في وصوله إلى الفاعلية الظاهرية ومن هذه السلوكيات التزام المدير بالمواعيد

وأوقات الدوام الرسمي والسرعة في اتخاذ القرارات والقدرة على الاتصال الجيد والتعبير عن الأفكار بوضوح (المدهون والجز راوي، 1995).

إدارة المعرفة والفعالية:

حاول العديد من الباحثين والكتاب إبراز أثر المعرفة وإدارتها في مستويات الفعالية، ووضعت مسارات متعددة لتشخيص هذا الأثر، أو لتصبيب العلاقة بين المتغيرين. ولكن لا زال هذا الموضوع بحاجة إلى أغناء، وليس هناك دراسات كثيرة تناولته بالبحث، ولكن لحداثة موضوع إدارة المعرفة رغم أن جذورها قديمة.

فقد حدد (Quinn1995: 1-3) القوى الأساسية التي تحرك الاقتصاد الآن وهي:

1. المعرفة/ عنصر استراتيجي يحتم لاتخاذ القرار وإنجاز أعمال المؤسسة التربوية الضرورية، وإضافة قيمة لها، وإلى جانب التعلم المستمر تحقق عناصر نجاح حاسمة في توليد قيمة للمستفيد، وهذا يوجب للمؤسسات خلقها أو إيجادها أو الحصول عليها قبل غيرها من أجل الميزة التنافسية.

2. التغيير الناتج عن تأثير التكنولوجيا المعلوماتية وتكنولوجيا الاتصالات.

3. العولمة التي صارت أكبر بانفتاح الأسواق وعالميتها، وبشكل انعكس على (البحث والتطوير، التكنولوجيا، الإنتاج، التمويل، الأعمال).

ويرى (Wheelen&Hunger,2000:340) أن المؤسسة التربوية يتعين أن تتمتع بمعرفة في إدارة الفعالية، وبدون ذلك تدمر قدراتها الحقيقية التي هيأتها لها كفايتها المميزة، وهنا ينبغي التركيز على نشاط البحث والتطوير لتحقق المؤسسة التربوية النجاح، فهو أساس الوصول إلى الفعالية، كما إنه الطريق الذي توظف من خلاله المؤسسة التربوية خزينتها المعرفة في تقديم منتجات أو خدمات جديدة للمستفيدين، إلى جانب كونه استثمار مستقبلي، ومصدر مهم للمعرفة التقنية في المؤسسة التربوية، ويبتكر القدرات على استيعاب واستثمار المعرفة الجديدة.

ويشير (Drucker.1999) أن المؤسسات التربوية ينبغي أن تسعى لزيادة إنتاجية عملها المعرفي، فهذا تحدي كبير في القرن الحالي، كونه مصدر للميزة التنافسية، ومجسد لقدرة الموارد البشرية في القرن الـ (21)، فهي قد أصبحت قوى عالمة تبدع وتبتكر الآلات الجديدة، والأساليب المتميزة، كما تجدد كل ما هو قديم، كما إن المؤسسات التربوية في الوقت الحالي أصبحت تخلق المعرفة الجديدة وتنشرها باستمرار، وسرعان ما تجسدها في تقنية أو منتج جديد.

ويحدد (Allee,1997:71-74) العلاقة بين "KM" والفعالية التنظيمية في أن القدرات المعرفية الجوهرية للمؤسسات تحولت إلى عمليات أتاحت للمؤسسات إبداع منتجات جديدة بسرعة أيضا،إلى جانب سرعتها في تقديمها إلى السوق العمل.

إن المعرفة الجديدة التي تكتسبها المؤسسة التربوية، أو قيامها بتطوير المعرفة الحالية علمية أو تقنية أو اجتماعية والناتجة عن المعرفة الجديدة أو المطورة في أهميتها، فضلا عن حاجتها إلى وقت طويل لتحويل المعرفة بعد نشوئها إلى تقنيات مفيدة، ومن ثم بروزها في السوق بصيغة (منتجات، عمليات، خدمات) جديدة. فضلا عن أنها تتطلب أنواع كثيرة من المعرفة لتكون أكثر فاعلية.

وبرز (Lynch,2003: 1) العلاقة بين "KM" والإبداع بتعرفه الإبداع بأنه "عملية تحويل المعرفة الجديدة إلى منتجات أو خدمات جديدة"، وبما يجعله مصدراً لخلق القيمة وزيادة الإنتاجية، ومصدر لتحويل الخزين المعرفي للمؤسسة التربوية إلى سلع وخدمات تلبي حاجة الطالب.

ويرى (فضل الله، 1986: 78-81) أن الإبداع مرتبط بالذكاء والفطنة وسرعة البديهة، ويرتكز على قاعدة معرفية عريضة وتعبر عن نزعة التفوق، والاستعداد الفطري الذي يتمتع به الفرد، والذي ينمى بالتدريب والتعلم، وأهم ما يؤدي إلى نجاحه توافر المعلومات واستخدامها، فالمجتمع و المؤسسة التربوية يعشقان المعرفة، ويوظفان الحواس للتعلم، وبما يجعلهما محفزين لتوظيف المعرفة

من أجل الإبداع، كما يسعى إلى اكتساب المعرفة الجديدة باستمرار لتعزيز الإبداع المؤسسي.

إن التوصل إلى طرق لاعتماد تكنولوجيا المعلومات في نشر المعرفة والخبرة بين صفوف العاملين يؤمن تحويل رأس المال الهيكلي للمؤسسة التربوية إلى رأس مال إبداعي، فالمعرفة التي تولدت وترسخت في هياكل وعمليات وثقافة المؤسسة التربوية تتحول إلى منتجات جديدة تحافظ من خلالها المؤسسة التربوية على قدراتها الإبداعية وموقعها التنافسي (Strategic Policy Branch, 1999:9).

كما أن المؤسسة التربوية بعد أن تختار المعرفة تطور عمليات تنظيمها وخزنها، ثم خلق الميزة التنافسية من توظيف هذه المعرفة في توليد إبداعات شاملة في المستقبل، وعبر تطبيق المعرفة المكتسبة، والإبداع في تصميم المنتج، أو تقديم خدمة مميزة للمستفيد وبكلفة منخفضة، وبالتالي فإدارة المعرفة خبرة موجهة لتحقيق إنتاجية وإبداع بصيغ متعددة (اعتماد تكنولوجيا جديدة، تغيير أنماط المنافسة في الأعمال المعاصرة) (Sarvary, 1999:101).

وذهب (Thompson, 2000:64-67) إلى أن (KM) تدعم الجهود للاستفادة من الموجودات الملموسة وغير الملموسة وبما يحفز الفعالية، ويروج المعرفة القائمة كأساس للأفكار الجديدة، ودورها في صنع القرارات.

والمؤسسة التربوية الناجحة هي التي تستثمر ما تعرفه، وتنقل معرفتها عبر قنوات المؤسسة التربوية، وتستخدمها في تجديد المؤسسة التربوية، وبما يجعلها قادرة على الوثوب في الساحة التنافسية، والتكيف مع المتغيرات البيئية، وتخليها عن الهياكل التقليدية التي لم تعد تصلح لمجابهة التحديات ومتطلبات منظمات المعرفة، وتبني هياكل تصلح لمنظمات عصر المعلومات والمعرفة (العنزي ونعمة، 158 :2001). والمعبر عنها بشبكة خلايا مرنة ومتصلة مع بعضها، ربما يتناسب

مع حركة المعرفة الدائرة والمتداخلة والمتقاطعة، والتي لا تعرف الثبات على حال (Scheffman & Thompson, 1998:1-6).

ويشير (Mrinalini & Nath,2000:180) إن المؤسسة التربوية تعتمد البحوث والتكنولوجيا لتوليد المعرفة التي تدعم قوتها التنافسية، كما تهيء لها هيكل يحفز الفعالية، فتولد معارف جديدة تقوم بتطبيقها لتقدم سلع أو خدمات جديدة، وبما يوصلها إلى مرتبة تكنى فيها بالمؤسسة التربوية المتعلمة التي تستند في بقائها ونموها على القاعدة المعرفية الموظفة في الإبداع.

أما (Whitley,2000) فيرى أن قابلية المؤسسات التربوية في تطوير الإبداعات (جذرية أو مضافة) تتباين إلى حد كبير تبعا لتباين قابليتها في توليد وتطبيق المعرفة، وإن التنوع والتطور في توليد وتطبيق المعرفة سيسهم في التطور الايجابي لفعاليات المؤسسة التربوية (الكبيسي، 118:2002)

ويشير (Wick, 2000:515-529) إن التميز في عصر المعرفة يعتمد على مدى توليد الممارسات والأفكار والآليات الجديدة، وتطوير القائم منها وإن التحاور بين الأفراد ذوي الثقافات والخلفيات المتباينة يدعم من تطوير الأفكار، كما أن تعاون المهنيين يوصل إلى أفكار جديدة، ومن ثم إلى الإبداع ... وإن الضغوط والتحديات التي تعانيها المؤسسات التربوية تجعلها فعالة، وبما يدفعها لتطبيق المزيد من برامج الـ "KM".

وأخيرا يرى (Kotelnikov, 2003:3) أن انتقالنا من المجتمع الصناعي إلى المجتمع المعرفي يؤدي إلى الفعالية، دون أن يعني ذلك اختفاء الإبداع.

مما تقدم يتضح لنا العلاقة الوثيقة بين الفعالية والموجودات المعرفية المؤسسية، كما أصبح واضحا أن القدرة على إدارة الفكر الإنساني هي مهارة تنفيذية حاسمة عززت من أهمية المعرفة بالنسبة للمؤسسات التربوية، كما أوجبت عليها صقل وتهذيب هذه المعرفة، وتحديثها باستمرار، وبما يؤمن توظيفها لتعزيز مستويات الفعالية.

الفصل الخامس

إدارة الإبـــداع

إدارة الإبداع

مفهوم الإبداع:

أشار الأدب النظري في الكتابات العربية حول الإبداع إلى استخدام مفاهيم: الإبداع والابتكار والخلق كمترادفات، فقد أشار القريوتي إلى أن مفاهيم الإبداع والابتكار والخلق تستعمل كمترادفات وتعني جميعا "ولادة شئ جديد غير مألوف أو النظر إلى الأشياء بطرق جديدة" (القريوتي، 2000)، وأشار المغربي في السياق نفسه إلى أن كلمات "الإبداع والابتكار والخلق مصطلحات مترادفة تعني إثبات شئ جديد غير مألوف" (المغربي، 1994)، ولعل هذا الخلط يعود إلى المعنى اللغوي للإبداع والابتكار فيشير لسان العرب إلى أن الإبداع مأخوذ من (بدع) وبدع الشيء يبدعه بدعا وابتدعه: أنشأة وبدأه، والبديع الشيء الذي يكون أولا (ابن منظور، 1300هـج). "**و الله بديع السموات والأرض**"، (البقرة، 116)، أي مبدعهما، وابتدعته أي استخرجته أحدثته، ونقول فلان أبدع في هذا الأمر: أي كان أول من فعله. وورد في لسان العرب تعبير بدع الشيء يبدعه بمعنى أنشأه وبدأه، وأبدع الشيء بمعنى اخترعه على غير مثال، وفي قاموس ويبستر(Webster) وردت كلمة الإبداع بمعنى المقدرة على الخلق أو الإيجاد. والمبدع هو المتسم بالإبداع والخلق لا بالمحاكاة والتقليد، والإبداع عند الفلاسفة يعني إيجاد الشيء من عدمه (هويدي، 1993).

أما الابتكار فيشير لسان العرب إلى أن الابتكار مأخوذ من بكر، والبكرة: الغدوة، والباكور من كل شئ: المعجل المجيء والإدراك، وأول كل شئ باكورته، وكل من أسرع إلى الشيء، فقد بكر إليه (ابن منظور، 1300هج) أما اصطلاحا فقد عرف دركر Druker الإبداع بأنه" تغيير نتائج الموارد والامكانات من حيث زيادة هذه النتائج من خلال عملية منظمة وتحليل هادف للفرص المتاحة"(Druker, 1985).

وقد عرفت المنظمة الأمريكية للتدريب والتطوير الإبداع بأنه : عملية إنتاج أفكار أو أشياء حقيقية أو خيالية ووضعها في طرق جديدة ومفيدة " أما الابتكار فقد عرفته بأنه" تحويل الإبداع إلى عملية جديدة أو منتوج جديد" (American Society For Training and Development, 1989).

وقد تباينت آراء العلماء حول مفهوم الإبداع فبعضهم يقصد بالإبداع المقدرة على خلق شئ جديد أو مبتكر تماماً وإخراجه إلى حيز الوجود، بينما يقصد بعضهم الآخر العمليات وخصوصاً السيكولوجية منها، والتي يتم بها ابتكار الشئ الجديد ذي القيمة العالية، في حين ينظر فريق ثالث إلى الإبداع في حدود العمل الإبداعي ذاته، أو المحصلة أو الناتج الذي ينشأ عن المقدرة على الإبداع وعن العملية الإبداعية التي تؤدي في آخر الأمر إلى إنجاز العمل الإبداعي وتحقيقه. وفيما يلي أشهر هذه التعاريف وأكثرها تداولاً:

1- يعرف جيلفورد (Guilford) الإبداع بأنه" سمات استعدادية تضم الطلاقة تقيس التعبير والمرونة والأصالة والحساسية للمشكلات وإعادة تعريف المشكلة وإيضاحها بالتفصيلات (طافش، 2004).

2- ويعرفه تورانس (Torrance) بأنه" عملية تحسس للمشكلات والوعي بمواطن الضعف والثغرات وعدم الانسجام والنقص في المعلومات والبحث عن حلول وارتباطات جديدة باستخدام المعطيات المتوافرة ونقل أو توضيح النتائج للآخرين" (عاقل، 1975).

3- ويعرفه والس (Wallach) بأنه " التميز في العمل أو الإنجاز بصورة تشكل إضافة إلى الحدود المعروفة في ميدان معين" (جروان، 2002).

4- ويعرفه هولهان وكوفمان (Hallhan and Kauffman) بأنه " مقدرة الفرد على إعطاء واكتشاف واستعمال الأفكار الجديدة والنادرة" (أبو عليا،1983).

5- ويعرفه مـراد وهبـه بأنـه"المقـدرة عـلى ابتكـار حلـول جديـدة لمشكلة مـا، وتتمثل هذه المقدرة في ثلاث مواقف مرتبة ترتيباً تصاعدياً وهـي: التفسـير والتنبؤ والابتكار" (وهبه، 1991).

6- ويعرفه طافش بأنه " المقدرة على التنبؤ بالصعوبات والمشكلات التي تطرأ أثناء التعامل مع قضايا الحياة، وإيجاد حلـول لهـا ومخـارج منهـا باعتمـاد أساليب علمية تستند على أفكار عميقة مبتكرة، يتمخض عنهـا اكتشـافات جديدة وأعمال مميـزة تحـدث تطـوراً وتحسـيناً بالمجتمع"   (طافـش، 2004).

ويعرفه حوامدة" هو المقدرة عـلى إيجاد واستخدام أسـاليب ووسائل وأفكار ومهارات مفيدة للعمل بحيث تلقى هذه الأفكار والأساليب التجاوب من قبل العـاملين، وتحفـز مـا لـديهم مـن قـدرات ومواهـب، لتحقيـق الأهـداف الإنتاجيـة والأدائيـة" (حوامدة، 2003).

أما بدران فقد عرف الإبداع في الإدارة بأنه" المقدرة على ابتكار أساليب ووسائل وأفكار مفيدة للعمل تلقى هذه الأفكار والأساليب التجاوب الأمثل مـن قبل العـاملين وتحفز ما لديهم من مقدرات ومواهب لتحقيق الأهداف الإنتاجية والأدائية الفضلى (بـدران 1988)، وهـذا يعنـي أن الإبـداع لـيس مجـرد فكـرة أو قـرار، ورأى سـكوت ورونايد Scott and Reoinaid أن الإبداع هو" عملية متعددة الأبعاد تتضمن نشاطات مختلفة وهناك سلوك إبداعي مختلف في كل مرحلة".(Scott and Reoinaid, 1994)

وأشـارت كمـنكس وأولـدهام Cummings and Oldham إلى أن مصـطلح الإبداع" قيام الأفراد بعمليات مفيدة في إنتاج المنتوجـات والأفكار، والإجراءات التي تشكل المادة الخام للابتكار" بينما أشـار إلى الابتكار بأنـه" التنفيذ النـاجح للمخرجات الجديدة للمؤسسة أو المنظمة وهذا التنفيذ يجب أن يكون متكاملاً" (Cummings and Oldham, 1997)، في حين عرف روبينس وديفيد Robbins and (David) الإبداع بأنه" العملية التي يتم من خلالها تحويل الأفكار المبتكرة لمنتج أو خدمه جديدة أو طرق وأساليب جديدة في العمل" (Rrobbins and David)، أما جواد فعرفه بأنه " توليد طرق وأساليب مفيدة لإنجاز الأعمال" و بأنه" عملية عقلية تتميز بالحساسية للمواقف والأصالة والمرونة تجاهها، وتجاه الحالات والمشاكل التي تجابه الفرد أو المنظمة، وبشكل متفرد وغير مألوف" (جواد، 2000). أما العميان فقد عرفه بأنه" إيجاد وتقبل وتنفيذ الأفكار والعمليات والمنتجات والخدمات الجديدة" (العميان، 2002)، وعرفته الزهري بأنه" المقدرة على تقديم إجابات فريدة لمشكلات مطروحة واستغلال الفرص المتاحة"(الزهري، 2002).

أما بالنسبة للتفكير الإبداعي فيُعرّف بأنه الاستعداد والمقدرة على إنتاج شيء جديد. أو أنه عمليّة يتحقق النتاج من خلالها. أو أنه حلّ جديد لمشكلة ما، أو أنه تحقيق إنتاج جديد وذي قيمة من أجل المجتمع.

وقصة اسحق نيوتن الذي سقطت عليه التفاحة مثال واضح على التفكير الإبداعي. فلو أنه لم يفكّر تفكيراً إبداعياً، لما كان السباق في اكتشاف قانون الجاذبية. ذلك التفكير الإبداعي، ابتعد به عن التفكير العادي الذي قد يستخدمه أي شخص آخر، سقط عليه شيء ما من أعلى، واكتفى بالقراءة السطحية له دون أن يستنتج أفكاراً مبدعة تكون قد تولدت. أما نيوتن فقد تعمق في التفكير الناقد لما حصل، فراح يتساءل، ويحلل، ويُخمّن، ويتحقق. إلى أن وصل إلى اكتشافه الكبير الذي تعلمه جميع الطلبة في كل أنحاء العالم. فهو لم يكتفِ بـ "ماذا حدث"؟، وإنما راح يفكر بـ "لماذا حدث"؟ "وكيف حدث"؟ (روشكا، 1989).

الخلفية التاريخية للاهتمام بالإبداع:

يعود الاهتمام بالإبداع والموهوبين إلى العقود المتأخرة من القرن التاسع عشر، فقد وجدت الفصول الخاصة بالطلبة النابهين لأول مرة في الولايات المتحدة

عام1871 في مدينة سانت لويس (St. Louis) بولاية ميسوري(Missouri) وفي مدينة اليزابيث (Elizabeth) بولاية نيوجرسي(New Jersey) عام1886. ولكن قبل ذلك بعدة قرون هناك من يعتقد بأن الخطوات التي اتخذها السلطان العثماني سليمان القانوني (1566- 1459) في مجال التربية الخاصة كانت من أهم العوامل التي ساعدت على النهوض السريع للإمبراطورية العثمانية في القرن السادس عشر ـ حيث كان يرسل الوفود في أنحاء الإمبراطورية بحثاً عـن الشباب النابهين أو المتميزين الـذين تبشرـ إمكانياتهم بمستقبل واعد في مجال التعليم والقوة البدنية بغض النظر عـن معتقداتهم أو دياناتهم، وكان يعطي رداء التقدير لكل مـن ينجح في عمل استثنائي، كـما يمنح الخريجين بعد إكمال تعليمهم بنجاح مراكز مرموقة في القوات المسلحة ودوائر الدولة ومؤسساتها الهامة (جروان، 1999).

وكانت معظم الحضارات على مر العصور تتفنن بأبنائها المبدعين في مجالات الحكم والملاحة البحرية والكشوف الجغرافية والحروب والألعاب الرياضية والآداب والفنون والاكتشافات العلمية وغير ذلك مـن الأعمال القيمة. وسواء في الحاضر أم الماضي فان الأشخاص الذين يظهرون مستوىً رفيعاً من الأداء في واحد أو أكثر مـن هـذه المجالات تدرج أسماؤهم باعتبارهم أكثر المواطنين جدارة بالتقدير والاحترام حتى خـارج الحدود الإقليمية التي ينتمون لها. وربما اختصت حضارة مـا في عصر ـ ما بـاهتمام أكـبر بشكل أو أكثر من أشكال البراعة والإبداع طبقاً لما تفرضه متطلباتها وظروفها. من ذلك أن اليونانيين القدماء عنوا بالخطابة وكرموا الخطباء، بينما أشاد الرومان بالمهندس والجندي(Kirk & Gallagher, 1989) ، وكان العرب قبل الإسلام يحتفلون بميلاد الخطيب احتفاءهم بمولد الشاعر وكلاهما كان يحتل من قبيلته مكان الصدارة، وليس أقل من ذلك تقديرهم للفروسية والشجاعة في الحروب.

وقال أفلاطون موضحا موقفه من تفضيل العوامل الوراثية على العوامل البيئية (التنشئة) في تفسير الفروق الفردية في العقل و الشخصية: "لقد ركبكم الله

الذي خلقكم من معادن مختلفة، فركب أولئك الذين يصلحون حكاما من الذهب، وركب أولئك الذين أرادهم أعوانا لهم من منفذين أو إداريين من الفضة، وأولئك الذين من واجبهم فلاحة الأرض أو صناعة الأشياء من خليط من الحديد والنحاس". كما انه اعتبر رعاية المبدعين المخلوقين من معدن الذهب تكليفا إلهيا حيث يقول في كتابه " الجمهورية": عن الواجب الأول الذي ألقته الآلهة على كاهل الحكام هو أن يتفحصوا كل طفل منذ ولادته للتعرف على نوع المعدن الذي يدخل في تركيبه. ثم بعد ذلك يختارون الأطفال من معدن الذهب سواء أكانوا لآباء مثلهم أم-كما يحدث عَرضا- لآباء من فضة أو حتى من برونز ليعدوهم حراسا أو حكاما للجمهورية Branch (& Cash, 1966). وهكذا نلاحظ اختلاف المعايير التي استخدمت لتحديد الأشخاص المبدعين حتى تناط بهم المهام الجسام التي هم أهل لها.

مكونات الإبداع وعناصره:

1- المناخ الذي يقع فيه الإبداع:

أن الإبداع ظاهرة اجتماعية وذات محتوى حضاري وثقافي، ويتبنى هذا الاتجاه علماء الاجتماع وعلماء الإنسان وبعض علماء النفس الاجتماعي، والفرد يصبح جديرا بوصف"المبدع" إذا تجاوز تأثيره على المجتمع حدود المعايير العادية. وبهذا المعنى يمكن النظر للإبداع كشكل من أشكال القيادية التي يمارس فيها المبدع تأثيرا شخصيا واضحا على الآخرين.

ويعتقد العديد من الباحثين أن الأثر الكبير على الإبداع يكمن في البيئة، أي المناخ الإبداعي والبيئة الخصبة التي ينمو فيها الإبداع ويتبلور. فمما لا شكّ فيه أن الإبداع يحتاج إلى بيئة مشجعة ومحفزة ليظهر الإبداع لدى الشخص ويبرز، وهناك مقولة، تؤكد، بأن في قلب كل فرد روحاً مبدعه. فإذا ما توفرت البيئة الملائمة، والمشجعة على الإبداع، فإن تلك الروح تتألق وتزدهر. ومن أجل ذلك، فإن الأشخاص المبدعون بحاجة لأن تكون البيئة من حولهم الأسرية والمدرسية

غنيّة بكل ما يحتاجونه، وبكل ما من شأنه أن يدفع بهم إلى النمو نفسياً وعقلياً وجسدياً ووجدانياً واجتماعياً، لتتيح لهم التميّز وإطلاق مواهبهم في شتى مناحي الإبداع..

والمبدعون يحتاجون منذ الصغر و بشكل خاص، إلى بيئة أسرية محفزة تعزز ما لديهم من طاقات وإلى نظام مدرسي، ومنهاج مدرسي يصقل ما لديهم من قدرات، ومعلم يمنحهم مساحة كافية من الحرية، التي تسمح لهم بالطلاقة في التفكير، وبإجراء التجارب، وبالتأمل، وبالمطالعة الحرة، وبإعداد البحوث والدراسات، وبالاكتشاف، وبالتجربة والمحاولة ، وبالاستماع إلى الموسيقى، وبالاستمتاع بقراءة الشعر وممارسة الرسم والكتابة الإبداعية، وبتبادل الأفكار والآراء عن طريق النقاش الهادف والعصف الفكري، الذي يُحوّل الأشخاص إلى شعلة من النشاط الذهني المتوقد، والعيون البرّاقة، والقلوب السعيدة أثناء مشاركتهم الفاعلة في جميع الأنشطة والأعمال الوظيفية التي يقومون بها برغبة ومحبة(بهاء الدين، 2003).

2- الشخص المبدع:

يمثل هذا الاتجاه محور اهتمام علماء نفس الشخصية الذين يرون انه يمكن التعرف على الأشخاص المبدعين عن طريق دراسة متغيرات الشخصية والفروق الفردية في المجال المعرفي ومجال الدافعية. ويتناول وصف الأشخاص المبدعين عادة ثلاثة مجالات رئيسة وهي:

أ- **الخصائص المعرفية:** يلخص الباحثان تاردف وستيرنبيرغ الخصائص المعرفية العامة للمبدعين فيما يلي: الذكاء المرتفع و الأصالة و الطلاقة اللفظية والخيال الواسعة والمرونة والمهارة في اتخاذ القرار واستخدام المعرفة الموجودة كأساس لتوليد الأفكار.(Tardif &Sternberg, 1993)

ب- **الخصائص الشخصية والدافعية**: مـن القـوائم التـي تلخـص خصائـص الأشخاص المبدعين قائمة للباحثة كلارك(Clark, 1992)، تضمنت مايلي:

1. الانضباط الذاتي والاستقلالية وكراهية السلطة.

2. المقدرة على مقاومة الضغوط الاجتماعية.

3. المقدرة العالية على التذكر والانتباه للتفاصيل.

4. تحمل الغموض والقلق.

5. الميل للمغامرة.

6. توافر قاعدة معرفية واسعة.

ج- **الخصائص التطورية**: المبدعون هـم غالبـا مـن المواليـد الأوائـل في أسرهـم، وأنهم عانوا من فقدان أحد الوالـدين أو كليهما، ومـروا بمواقف حياتيـة غيـر عاديـة، وعاشوا في أجواء خصبة ومشجعة ومتنوعـة. كما أنهـم يوصفون بحبهم للمدرسة، واستمتاعهم بالكتب كثيراً، كذلك حرصهم الشديد على بذل مجهـودات كبرى في ميـدان تخصصهم، ومن أبـرز العوامـل تـأثيرا في تكوين اتجاهـاتهم المهنيـة وجـود النمـوذج أو المعلم القدوة في سني حياتهم المبكرة (جروان، 1999).

3- **العملية الإبداعية: Process**

ويركز على الجوانب المتعلقة بعملية حـل المشكلات، وأنمـاط التفكيـر، وأنمـاط معالجة المعلومات.

ومن أشهر النماذج التي تفسر العملية الإبداعية هو نموذج (Wallach, 1926) حيث حدد أربعة مراحل لتطور العملية الإبداعية تتمثل في:

مرحلة التحضير (الإعداد) Preparation:

وتوصف بأنها مرحلة جمع المعلومات، والتقصي عن المشكلة في جميع الاتجاهات، واستخدام الخلفية النظرية واستخدام الذاكرة.

مرحلة الاحتضان (الكمون) Incubation:

وهي مرحلة ترتيب وترقب وانتظار، وتتميز هذه المرحلة بالجهد الشديد الذي يبذله الفرد المبدع لحل المشكلة. ويكون التفكير بالمشكلة محدود الإطار، وغير واع وغير متسلسل وذلك بالرغم من وجود الأحداث العقلية التي تحدث حالة من الصراع.

مرحلة الإشراق (الشرارة) Illumination:

وهي اللحظة التي يتم فيها انبثاق شرارة الإبداع، والتي تتولد فيها فكرة جديدة، والتي تؤدي بدورها لحل المشكلة ويكون فيها العمل دقيقا وحاسما مما يعمل على ميلاد فكرة غير مسبوقة. ويصاحب ذلك شعور بالارتياح والاستنارة.

مرحلة التحقق: Verfication:

وهي مرحلة اختبار الفكر للفكرة الجديدة وتجريبها، والتي تؤدي بدورها لإخراج الإنتاج الإبداعي لحيز الوجود (سرور، 2002).

ورأى روبي Robey بان عملية الإبداع من وجهة نظر المنظمة تتضمن المراحل التالية:

1- الشعور بالحاجة وينبثق هذا الشعور من وجود مشكلة أو فجوة بين ما هو مخطط له وما يحدث فعلاً.

2- المبادأة: حيث تبدأ الأفكار المتعلقة بحل المشكلة أو معالجة الفجوة بالتوالي إلى ذهن الفرد.

3- التطبيق: حيث يقوم الفرد في هذه المرحلة باتخاذ قراره الفردي بتنفيذ الأفكار عملياً أو إطلاع الآخرين عليها، وطلب المساعدة أو حل المشكلة القائمة (حريم، 1997).

4- الناتج الإبداعي Product

يعنى هذا الاتجاه بالناتج الإبداعي ذاته على افتراض أن العملية الإبداعية سوف تؤدي في النهاية إلى نواتج ملموسة مبدعة لا لبس فيها سواء أكانت على شكل نظرية أم اكتشاف أم لوحة فنية، بحيث يكون العمل هادفا ويتخذ شكل الأصالة والملائمة كمعيارين للحكم على النواتج (جروان، 1999).

أهم المهارات الإبداعية:

الطلاقة (Fluency):

وتعني المقدرة على توليد عدد كبير من البدائل أو المترادفات أو الأفكار أو حلول للمشكلات عند الاستجابة لمثير معين. والسرعة والسهولة في توليدها، وهي عملية تذكر واستدعاء اختيارية المعلومات أو خبرات أو مفاهيم سبق تعلمها. وقد تم التوصل إلى عدة أنواع للطلاقة عن طريق التحليل العاملي، وهي:

أ- **الطلاقة اللفظية أو طلاقة الكلمات**: المقدرة على إنتاج عدد كبير من الألفاظ الصحيحة.

ب- **طلاقة المعاني أو الطلاقة الفكرية:** المقدرة على ذكر اكبر عدد من الأفكار الجيدة في زمن محدد.

ج- **طلاقة الأشكال:** هي المقدرة على الرسم السريع لعدد من الأمثلة والتفصيلات أو التعديلات في الاستجابة لمثير وضعي أو بصري.

د- **الطلاقة التعبيرية:** وهي المقدرة على صياغة الأفكار في عبارات مفيدة، والتفكير السريع في الكلمات المتسلسلة والملائمة للموقف في موضوع معين (سرور، 2002).

هـ- **طلاقة التداعي**: وتعني سرعة إنتاج عدد أكبر من المعاني المنتظمة لمعنى الموضوع.

المرونة (Flexibility):

وهي المقدرة على توليد أفكار متنوعة، وتوجيه وتحويل مسار التفكير مع تغير المثير أو متطلبات الموقف. وهناك شكلين للمرونة هما:

1- **المرونة التكيفية:** وهي المقدرة على تغيير الوجهة الذهنية التي ينظر من خلالها إلى حل المشكلة المحددة.

2- **المرونة التلقائية:** وهي المقدرة على سرعة إنتاج أكبر عدد ممكن من الأفكار المختلفة التي ترتبط بموقف معين(Sawyer & Mohoretra ,1998).

الأصالة (Originality):

وهي من أكثر الخصائص ارتباطا بالإبداع، وتعني المقدرة على الإتيان بالأفكار الجديدة والنادرة والمفيدة، وهي إنتاج غير مألوف متفرد بعيد المدى.

الحساسية للمشكلات: تعني الوعي بوجود مشكلات أو حاجات أو عناصر ضعف في بيئة ومواقف العمل (سلامة وأبو مغلي، 2002).

مستويات الإبداع:

يقرر كاتل وبوتشر (Cattel & Butcher, 1968) أن الإبداع يظهر على مستويات مختلفة تتراوح بين اكتشاف الذرة وتنظيم مخطط الحديقة. وعندما يرد تعبير إبداع فإن ما يتبادر إلى الذهن لدى كثير من الناس- أكاديمين وعاديين- هو الاختراق الإبداعي Creative Breakthrough أو الإنجاز الخارق غير المسبوق. غير أن العديد من الباحثين يدافعون عن ضرورة التمييز بين مستويات الإبداع والتي تقسم إلى خمسة مستويات هي:

1- الإبداع التعبيري Expressive:

ويعني تطوير فكرة أو نواتج فريدة بغض النظر عن نوعيتها أو جودتهـا، مثـل الرسومات العفوية للأطفال.

2- الإبداع المنتج أو التقني Productive/Technical:

ويشـير إلى بـراعـة في التوصـل إلى نـواتج مـن الطـراز الأول، مثـل تطـويـر أداة موسيقية معروفة.

3- الإبداع الإبتكاري Inventive:

ويشـير إلى البراعـة في اسـتخدام المـواد لتطوير استعمالات جديـدة لهـا دون أن يمثل ذلك إسهاماً جوهرياً في تقديم أفكار أو معارف أساسية جديدة. مثل ابتكارات أديسون وماركوني.

4- الإبداع التجديدي Innovative:

ويشـير إلى مقـدرة علـى اخـتراق قـوانين ومبـادئ أو مـدارس فكريـة، وتقديم منطلقات وأفكار جديدة كتلك التي قدمها كوبرنيكس من إضافات جوهرية في توسيعه لنظرية بطليموس في علم الفلك وإعادة تفسيرها.

5- الإبداع التخيلي Imaginative:

وهو أعلى مستويات الإبداع وأندرها ويتحقق فيه الوصول إلى مبدأ أو نظريـة أو افتراض جديد كلياً، مثل أعمال آينشتاين وفرويد في العلـوم وبيكاسـو في الفنون (سلامة وأبو مغلي، 2002).

وهناك مستويات أخرى للإبداع تبعاً للفئة المبدعـة، وتبعاً لـذلك فقـد قسـم الباحثون الإبداع إلى إبداع فردي، وإبداع جماعي، وإبداع تنظيمي. ويبدأ المستوى الأول بحلقة ضيقة تتسع لتشمل المستوى الثاني، وتمتد لتشمل المستوى الثالث. وهناك خيط يصل بين هذه المستويات الثلاثة فلا يمكن التوصل للإبداع التنظيمي

دون إبداع جماعي وإبداع فردي فالمستويات الثلاثة تكمل بعضها البعض، وفيما يلي عرض لمستويات الإبداع الثلاثة:

- الإبداع على مستوى الفرد:

وهو الإبداع الذي يتم للتوصل إليه من قبل أحد الأفراد، ومن الخصائص التي يتميز بها الشخص المبدع (American Society For Training and Development, 1989): الطلاقة، والمرونة العقلية، والمقدرة على إصدار الأحكام، وشمولية التفكير، واتساع الأفكار، وصياغة الأفكار، والربط، والثقة بالنفس، وروح المغامرة والرغبة في الحصول على اهتمام الآخرين، الفضولية، والدافعية، والإصرار، والمعرفة بطبيعة الأشياء، وروح الدعابة، والمهارات الاجتماعية.

- الإبداع على مستوى الجماعة:

وهو الإبداع الذي يتم تقديمه أو التوصل إليه من قبل الجماعة، وقد توصلت الدراسات إلى أن الجماعة المختلفة من حيث الجنس تنتج حلولاً أكثر جودة من الجماعة أحادية الجنس وأن الجماعة شديدة التنوع تنتج حلولاً أفضل، وأن الحل الإبداعي للجماعة يتطلب أن تتكون من أشخاص لهم شخصيات مختلفة، وأن الجماعة المتماسكة أكثر استعداداً وحماساً ونشاطاً للعمل من الجماعة الأقل تماسكاً، وأن أفراد الجماعة المنسجمة أكثر ميلاً للإبداع من الجماعة التي ليس بين أفرادها انسجام وأن أفراد الجماعة حديثة التكوين تميل إلى الإبداع أكثر من الجماعة القديمة، وأن الإبداع يزداد مع ازدياد عدد أعضاء الجماعة، حيث تتوسع المقدرات والمعرفة والمهارات (العميان، 2002).

- الإبداع على مستوى المنظمة:

وهو الإبداع الذي يتم التوصل إليه عن طريق الجهد التعاوني لجميع أعضاء المنظمة، وأشارت الدراسات والأبحاث حول الإبداع على مستوى المنظمة

إلى أن المنظمات المبدعة تتميز بالصفات التالية (Peters, and Waterman, 1982):-

1- الميل نحو الممارسة والتجريب.
2- وجود مشجعين للإبداع.
3- مشاركة العاملين في تقديم المقترحات للعمل.
4- احترام القيم وتطبيقاتها وتطوير مبادئ وأخلاقيات المنظمة.
5- البساطة في الهيكل التنظيمي.
6- الحزم واللين معاً.

نظريات الإبداع **(Creativity Theories)**

هناك العديد من النظريات التي تعرضت لتفسير الإبداع ومنها:

النظريات الطبيعية (Theories of Natural):

فسّر "أرسطو" الإبداع بأنه يخضع للقوانين الطبيعية فالطبيعة تنتج منتجات، وتظهر هذه المنتجات إما بشكل تلقائي أو عن طريق الصدفة، بينما ربط "أفلاطون" بين ما يسمى بالإلهام والذي يأتي لحظة معينة وينتهي، وقصد به القوة الإلهية التي تدفعه وتسيطر عليه. أما "كانت" فيقول أن الإبداع القّيم يتبع طبيعة مخيلة الفرد الحرة، أي أن الإبداع هو إنتاج فطري لا يخضع لتعليمات محددة، ويفسر "جالتون" الإبداع على أساس بيولوجي وراثي فقط، ويوافقه " فرويد" ولكنه فسّر الإبداع أيضا على أساس نفسي (سرور، 2002).

نظرية الترابط (Theory of Association):

الإبداع عبارة عن عملية تنظيم للعناصر المختلفة المكونة للموضوع والمرتبة مع بعضها وإعادة تركيبها في صورة تتطابق مع الحاجة إليها بشكلها

الجديد. وكلما كانت هذه العناصر المشتركة في التركيب متباعدة بقدر ما كان الناتج أكثر إبداعاً. وليس من السهل قبول عملية التباعد بين المترابطات المكونة للمشكلة كسبب لقوة الإبداع نظراً لان التقارب في بعض الأحيان لا يمكن أن يكون عكس ذلك.

نظرية الجشتالت (Theory of Geschtalt):

ترى هذه النظرية أن البحث عن حلول لأي مشكلة يعتمد على التعامل مع الكل، وتكون دراسة الجزء ضمن ماتم تحديده كإطار شامل للكل مع الوضع في عين الاعتبار أن الحلول الابتكارية ليست نتاج عملية مرتبة لكنها تظهر بصورة فجائية أثناء محاولة إعادة ترتيب العناصر وفحصها في إطارها الكلي. ولا يمكن توقع هذه اللحظة، ولا يمكن التسليم بصورة كاملة بفكرة الحدس أو الفجائية في ظهور الأفكار الإبداعية، حيث أنها تشكل أحد العناصر، وليست كلها ولاننكر الحاجة إلى التفكير والبحث بشكل ما.

النظرية السلوكية (Theory of Behavior):

يفترض السلوكيين أن النشاط الإنساني هو في حقيقة الأمر مشكلة تكوين العلاقة بين المثيرات والاستجابات. مع العلم أن هذه العلاقة لا يمكن استخدامها بما عليها من ملاحظات في تفسير السلوك الإبداعي. ولا يوجد اختلاف حول ما يؤكده علماء السلوك أن الفرد يستطيع تنفيذ استجابات إبداعية من خلال تعزيز فرصته في الأداء المبدع.

نظرية التحليل النفسي (Theory of Psycho-Analysis):

وتخضع هذه النظرية العملية الإبداعية لمفهوم التسامي أو الإعلاء، حيث يقوم الإنسان بتوجيه دوافعه إلى موضوعات ذات قيمة اجتماعية مقبولة ويكيف الدوافع التي تؤدي إلى غير ذلك.

ويميل المعاصرون إلى تأكيد أن العملية تبدأ رحلتها في مرحلة ما قبل الوعي حيث يقوم اللاوعي بالتشجيع والتحريض والحث، بينما يقوم الوعي بالتحسين والتقييم والنقد.

نظرية الإنسان والإبداع:

يمثل ويركز ممثلو هذا الاتجاه على طبيعة الإنسان التي تظهر احتياجها إلى عمليات الاتصال المتبادل بين الأفراد على أساس من المشاعر الوجدانية والثقة في شكل متطور. ويؤكد أصحاب هذا الاتجاه على أن إبداع الإنسان يبدأ من احترامه واعتباره لقيمة كبيرة حيث تتوافر له التحقيق الذاتي لإنسانيته وصحته وانسجامه مع نفسه والعالم المحيط به. ولذلك فان الإبداع بالنسبة لهذا الاتجاه يعني العلاقة بين الفرد السليم والبيئة المشجعة(هلال، 1996).

المداخل المختلفة لقياس الإبداع:

تعددت الدراسات التي تناولت الإبداع بصورة عامة ويتبع هذا التعدد تنوع في المداخل لدراسة هذه الظاهرة. وفيما يلي استعراض لثلاث طرق لدراسة الإبداع وهي:

الطريقة الأولى:

وتركز هذه الطريقة على الأسلوب المعتمد في عملية الإبداع، وتهدف إلى التعرف على المهارات والأساليب التي يعتمدها أو يستعين بها المبدع لإنتاج الأفكار الأصيلة، وفي معرفة كيف يتعامل المبدع مع المواقف والأحداث، وبماذا يستعين؟

الطريقة الثانية:

وتركز هذه الطريقة على النتائج، وهي تسعى للوقوف على نوع الناتج المقدم من الشخص الذي نصفه بالمبدع، وكذلك لمعرفة ما إذا كان الناتج يتصف فعلا بالأصالة، والغرابة وبعده عن الحالة المألوفة.

الطريقة الثالثة:

وتركز هذه الطريقة على الشخص القائم بعملية الإبداع، وتهدف إلى دراسة وتشخيص المبدع نفسه، وتحديد مستوى إبداعه. وتعد هذه الطرق مناسبة لدراسة الإبداع في المنظمات الخدماتية كالتربية والتعليم كونها تركز على الأسلوب المعتمد في عملية الإبداع، ومستوى النتائج، وتشخيص الفرد المبدع (جواد، 2000).

ومن المداخل التي تركز على الفرد المبدع دراسة السلوك الإبداعي والذي تناولته القطاونة في دراستها للإبداع الإداري، حيث أشارت إلى أن السلوك الإبداعي يتجسد في واحد أو أكثر من السلوكيات أو الممارسات التالية (قطاونه، 2000):

1. المقدرة على التكيف والمرونة في مواقع العمل.

2. سعة الاتصالات مع الجهات الخارجية والداخلية

3. الإسهام في حل المشكلات وتحمل المخاطر.

4. تبني التغيير والإسهام في نشرة داخل المنظمة.

5. استخدام وتوظيف الأساليب الجديدة في العمل.

6. رفض الرتابة في العمل وعدم تقبل الممارسات التي تحد من تفكير الفرد.

وتناولت (أبو هندي، 2003) في دراستها للخصائص الإبداعية لدى المرأة القيادية المقياس التالي:

1. المرونة.

2. الأصالة.

3. الحساسية للمشكلات.

4. الطلاقة.

5. الثقة بالنفس وتأكيد الذات والاعتماد على النفس.

6. الميل للمغامرة (أبو هندي، 2003).

وكذلك تناول السالم في دراسته الإبداع الإداري وقاسه من خلال المتغيرات التالية:

1. سعة الاتصالات.

2. اتخاذ القرارات.

3. المجازفة وتحمل المخاطر.

4. تجسيد وتشجيع الإبداع (السالم، 1999).

أما المعاني، فقد أشار إلى أن الإبداع الإداري يمكن قياسه من خلال المقومات التالية:

1. الحس الاقتصادي والاجتماعي.

2. العقلية العلمية في التعامل مع قضايا المنظمة.

3. البعد الإنساني.

4. الأيمان بمواهب الآخرين والانفتاح على الرأي الآخر(المعاني، 1990).

أما أبو فارس فقد أشار إلى أن الإبداع الإداري يمكن قياسه من خلال العناصر التالية:

1. الانتماء المؤسسي.

2. روح التعاون.

3. المنهجية العلمية في العمل.

4. المرونة.

5. الثقة.

6. الإقناع (أبو فارس، 1990):

وأشار ذياب إلى أن الإبداع الإداري يمكن قياسه من خلال المؤشرات التالية:

1. المقدرة على حل المشكلات واتخاذ القرار.

2. المقدرة على التغيير.

3. روح المجازفة.

4. سعة الاتصالات.

5. درجة تشجيع الإبداع (ذياب وتايه، 1995).

مشكلات دراسة الإبداع:

في محاولة لتحديد المعوقات التي حالت دون التقدم المأمول في دراسة- الإبداع عبر تاريخ الاهتمام به- أشار ستيرنبيرج ولوبارت (Sternberg & Lubart, 1996) إلى ستة أسباب رئيسة أدت إلى ذلك، حددها في النقاط التالية:

1- ارتباط البدايات الأولى للاهتمام بالإبداع، بتوجيهات بعيدة عن روح العلم فسرت خلالها الظاهرة الإبداعية في ضوء مفاهيم غامضة كالسحر، والموهبة..الخ.

2- نمو البحوث المبكرة في دراسة الإبداع- نظرياً ومنهجياً- بعيدا عن تيار علم النفس العلمي، وتوجهاته النظرية الأساسية، ومن ثم ظل الإبداع ينمو مستقلا عن نظريات علم النفس.

3- غلبـة النظرة النفعيـة عـلى الدراسـات الواقعيـة (الامبريقيـة أو التجريبيـة) للإبداع، مما أبعد الإبداع طويلا عن الدراسة النظرية المتعمقة.

4- ظلت أيضا النظرة للإبداع بوصفه سلوكا فرديا، مقصورة على عدد محدد من الأفراد، من نمو الأبحاث في هذا المجال، لتركيزها عـلى دراسة الإبداع مـن منظور الإنتاج وتجاهل دراسته من منظور الإمكانية.

5- أدت كـذلك المنـاحي التجزيئيـة، إلى تضـييق النظـرة للإبـداع وحالـت دون دراسة الإبداع على نحو تكاملي.

6- ظلت مشكلات تعريف الإبداع، والاتفاق على محكـات الحكـم عـلى المنتـج الإبداعي، وأساليب قياس القدرات الإبداعية تمثل- لفترة طويلة- معوقـات أساسية، حالت دون نمو دراسات الإبداع.

وتعد النقطة الأخيرة الخاصة بتحديد ماهية الإبداع، أكثر النقاط بـروزاً إلى الآن، فما زال الباحثون يضطرون إلى بدء دراسـاتهم بمناقشـة مطولـة لمـا يقصدونه بالإبـداع، نتيجة الغموض والخلط المحيط بالظاهرة محل اهتمامهم (عامر، 2003).

ومنذ أن طرح جيلفورد Guilford نظريته عن بناء العقل، زاد الاهتمام بدراسة الإبداع بوصفه نوعا راقيا من التفكير والذي يتطلب توظيفا لعدد من المقدرات الخاصة (كالطلاقة، والمرونة، والأصالة). وعلى الرغم من سيطرة هذه النظرة للإبداع عـلى أغلـب الدراسات السابقة في هذا المجال خلال السـنوات الماضية، فقـد تبنـى بـاحثون آخـرون اتجاهاً آخر، نادى بعدم قصر مفهوم الإبداع على عمليات التفكير الافتراقي، وضرورة أن يتسع المفهوم ليشمل عدداً آخـر مـن العمليـات العقليـة، بالإضافة إلى العمليـات ذات الطبيعة الوجدانية والاجتماعية (عامر، 2003).

ويلخص فيلدهوسين وجوه Feldhusen & Goh موقف أنصار هذا الاتجاه بتأكيدهما ضرورة أن يتضمن تعريف الإبداع نشاطات معرفية أخرى، مثل اتخاذ القرار (Decision Making)، والتفكير الناقد (Critical Thinking)، والوعي بالعمليات المعرفية (Metacognition). كما أننا عند قياس إبداع الأفراد يجب أن تتضمن أدواتنا مقاييس لتقدير العمليات المعرفية والدافعية، والاهتمامات، والاتجاهات، والأساليب الشخصية المرتبطة بالإبداع (Feldhusen & Goh, 1995).

الإبداع والسمات القيادية:

يمكن القول أن السمات القيادية هي انعكاس للإبداع فهي- السمات القيادية- بمثابة مؤشرات عامة على مستوى التفكير الإبداعي، ويمكن القول أن سمات القيادية المبدعة تجمع ما بين سمات الإبداع والسمات القيادية التالية:

1- الثقة بالنفس ومواجهة المواقف الصعبة.

2- التعاون مع الزملاء في العمل والمواقف الاجتماعية.

3- استخدام لغة رصينة واضحة وتعليمات محددة لا تنطوي على الغموض.

4- عدم الارتباك أو التشتت في المواقف الصعبة.

5- المرونة في الأفكار وديناميية الأفعال وإتقان وظائف عديدة.

6- على تنظيم عمل المجموعات والأفراد.

7- الانضباط بالأنظمة والقوانين والتعليمات والالتزام بها.المقدرة على تحمل المسئولية (جامعة القدس المفتوحة، 1996).

العوامل المؤثرة في الشخص المبدع:

هناك مجموعة من العوامل التي تؤثر على الشخص المبدع ومنها ما يلي:

1- **الحضارة**: حيث تؤكد الدراسات التي أُجريت في هـذا المجـال عـلى أهميـة ودور الحضارة والتاريخ في التأثير على الشخص المبدع.

2- **الأسرة والوالـدين**: والتركيـز عـلى أهميـة دور الوالـدين في تنشـئة المواليـد الجدد وتقديم الـدعم لهـم، لمـا لهـذا الـدور مـن اثـر في تطـور الشخصية المبدعة.

3- **المعلم**: أن علاقة الطالب (ذكراً أو أنثى) بالمعلم ولسنوات عدة تـؤثر عـلى جوانب شخصية الطالب فأسلوب التعليم الفعال والعمـل عـلى الطاقـات الإبداعية عند الأفراد له دور هام في التأثير على الشخصية المبدعة.

4- **إدراك الفرد لنفسه**: يرى كل مـن ديفـز،Daveis كاتينـا،Katena بالانابـان Balanaban إن إدراك الفرد لنفسه على أنه مبدع وأنه قادر على انتاجـات إبداعية يسهم في تطوير الإبداع وفي تطوير الشخصية الإبداعية (السـرور، 2002).

مميزات المبدعين:

حاول (هلال، 1996) أن يحدد مميزات المبدعين كما يلي:

1- المقدرة على توليد أعداد كبيرة من الأفكار الجديدة في مجـال وزمـن محـدد. وتمثل المقدرة على تدفق وانسياب الأفكار، وكلما زادت هذه المقدرة كلـما زادت معها القدرات الإبداعية.

2- المرونة في التفكير: حيث تكون لديهم مقدرة واضحة على الانتقال من فكـرة لأخرى أو من مجال لآخر بلياقة عالية. وتغيير الحالة الذهنية أو

العقلية ليست عملية سهلة يستطيع كل فرد أن يقوم بها بنفس درجة الكفاءة أو الجودة ولها مهارة مطلوبة كي تناسب مع طبيعة تصاعد الموقف أو المشكلة التي نفكر بشأنها. المقصود بالمرونة هو الهروب من زنزانة الأفكار الجامدة التي نحبس أنفسنا فيها والبعد عن التجمد والإصرار والعناد، والتمسك ببعض الأشياء التافهة والتي نطلق عليها مبادئ، وما هي إلا مجرد وسائل يمكن تغييرها لتحقيق الهدف.

3- المقدرة على الرؤية العميقة والثاقبة للأشياء فهم يرون أشياء كثيرة في الموقف الواحد لا يراها الآخرون حولهم، حيث يستطيعون أن يروا العوامل المشجعة والعوامل المثبطة ويروا القوى الحقيقية المحركة للأمور ويدركوا أيضاً الآراء والاتجاهات التي يحاول الآخرون إخفاءها.

4- الأصالة الفكرية فهم لا يقلدون الآخرين أو يسرقون أفكارهم، ولكنهم يستفيدون منها حيث تكون لديهم مقدراتهم الشخصية على إنتاج الحلول الجديد المناسبة. وتتجلى أصالة الفرد المبدع في إنتاج أفكار ذات تأثير أقوى على المدى البعيد والقريب عند مقارنتها بالأفكار الأخرى ولذلك فكثيراُ ما يحتاج الآخرون لبعض الوقت لفهم الأفكار الأصيلة.

5- استنتاج العلاقات بين الأشياء فالكثير قد ينظر إلى الأشياء بطريقه سطحية، ولا يحاول أن يحول الظاهرة التي أمامه إلى عمليات إحصائية بسيطة تحدد عدد المرات أو التكرارات في العوامل المسببة، حيث يساعد ذلك على معرفة العلاقات بين الأشياء ومدى ترابطها والتي لا تبدو واضحة للعين غير الفاحصة. وتقوم الكثير من الأفكار الإبداعية على إعادة تنظيم أو ترتيب العلاقات بين الأشياء وجعلها تعمل بطريقة مختلفة عن طريق تجربة النتائج وإعادة التنظيم والترتيب

وهكذا حتى يصل إلى أفضل الصور الجديدة في ظل التغيير والتبـديل في طبيعـة وشكل العلاقات بين العوامل المسببة للظاهرة أو المشكلة (هلال، 1996).

المرتكزات الأساسية التي يقوم عليها الإبداع الإداري:

يعتمد الإبداع الإداري على مجموعة من المرتكزات الأساسية النـي يجب توافرها في الأفراد العاملين والبيئة المحيطة بهم، وقُسمت هذه المرتكزات إلى معرفية، وتفكيرية، ودافعيه، وشخصية، وبيئية، وفيما يلي عرض لهذه المرتكزات:

1- **العامل الفسيولوجي:** ويتمثل في وجود المقدرة على التفكير عند الأفراد ويشمل القدرات الإبداعية لدى الأفراد والخصائص التي يتصف بها المبدعون.

2- **العامل البيئي:** ويتمثل في المناخ الذي يسود المنظمات، وما يتصل بظروف العمل والعاملين داخل المنظمـة، والبيئـة التنظيميـة التـي تسـمح لأفـراد المنظمة تحقيق طموحاتهم وتساعدهم في اتخاذ القرار، وتستخدم أسـلوب التخطيط السليم، وتتحرر من النزعة التقليدية، مما يجعلها تسير في طريق الإبداع والتفوق (عناقرة، 1990). والبيئة تحدد مدى المخـاطر التـي تظهـر أمام الشخص المبـدع، وهـي تـدعم هـذا الشـخص أو تحـد مـن طموحه (Sternberg, 1997).

3- **العامل السيكولوجي:** ويتمثل في الدوافع التي تدفع العاملين في المنظمات إلى الإبداع الإداري وأظهرت الدراسات أن أكثر الدوافع التي تـدفع العامـل إلى الإبداع كما حددها (أحمد، 1981) هي: الحاجـة إلى الإنجـاز، والحاجـة إلى الجودة، والحاجة إلى تحقيق الـذات والحاجـة إلى الجـدة، والحاجـة إلى النظام وحب الاستطلاع.

العوامل التي تسهم في تنمية الإبداع الإداري لدى العاملين في المؤسسات التربوية:

أشارت بعض الدراسات إلى العوامل التي تسهم في تنمية الإبداع الإداري لـدى العاملين في المنظمات. فقد قدم عامر(1998) مجموعة مقترحات لخلق المنـاخ المسـاعد على الإبداع وهي:

1- إتاحة المناخ الصالح، والقضاء على الروتين.

2- تشجيع المخاطرة، والانفتاح بين الخبرات، وعدم معاقبـة محـاولات الإبـداع التي لم تنجح.

3- تحديد أهداف واقعية.

4- تقليل الرقابة الخارجية.

5- التغذية الراجعة.

6- تفويض السلطات والمشاركة في صناعة القرار.

7- اقتناع وتأييد الإدارة العليا ومساندة المسؤولين.

8- التدريب على الإبداع والتطوير والاستراتيجيات الجديدة لتبني البدائل.

وأشارت المنظمة الأمريكية للتـدريب والتطـوير إلى معـززات للبيئـة التنظيميـة للإبداع (American Society For Training and Development, 1989) وهي:

1- **الحرية والضبط**: الحرية في تحديـد المشكلات وتحديـد خيـارات الحلـول، وتحتوي الحرية على مبدأ السيطرة عـلى التصرفات والأفعـال (أي الحريـة المضبوطة).

2- **حسن إدارة المشاريع**: على الحصول على الـدعم اللازم، وأن يكون مثـالا يحتذى به، بوضع الشخص الناسب في المكان المناسب.

3- **المصادر الملائمة**: إتاحة المجال لاستخدام مصادر ملائمة بما في ذلك الأمـوال، والأدوات، والمعلومات، والأشخاص.

4- **تنوع السمات التنظيميـة:** أن تكـون الإدارة متحمسـة، ومهتمـة وملتزمـة، ومتكيفة مع الفرص المتاحة.

5- **التشجيع:** وهو الرغبة في إعطاء الأشخاص الفرص للمحاولة وعدم النجاح وغياب الخطوط الحمراء، وبالتالي تفتح المجال للمشاركة، والتعـاون مـما يزيد الثقة بالنفس ويوسع الاتصال.

6- **التغذية الراجعة والتمييز:** كأن تقدم الإدارة حوافز ماليـة كتغذيـة راجعـة للشخص المبدع، وهي تعد من المعززات الشائعة، وأن يكون التقييم ضد التوقعات والآراء السابقة بدلا من أن يكون ضد أشخاص آخرين.

7- **استغلال الوقت:** إعطاء الوقـت للتفكير، بـما يحد مـن مشكلات إضاعة الوقت.

8- **التحدي:** الفرصة لعمل شئ ما بطريقة مختلفـة، أو النجـاح عندمـا يفشـل الآخرون.

9- **الضغط:** اشتراك الأفراد والجماعات بنسبة محددة.

معيقات الإبداع:

حددت السـرور جملة من معيقـات الإبـداع، يمكـن إجمالهـا بـما يـلي(السـرور، 2002):

معيقات بيئية: وتتمثل في الضجيج، بيئة مكتظة، عدم تأيد الزملاء وجود رئيس متسلط لا يقدّر الأفكار الإبداعية، قلة الأموال و الموارد اللازمة للعمل.

معيقات ثقافية: مثل العـادات والتقاليد والخـوف مـن النقـد بـدل الاقتراح والنظرة الاجتماعية، والسـرعة في إصـدار الحكـم والتعزيـز واستخدام حاسـة واحـدة في التفكير أو رؤية الشخص البصرية مـن جانـب واحـد وإهمال بـاقي الجوانـب وعـدم استخدام جميع المدخلات الحسية.

معيقات تعبيرية: عدم المقدرة عند الفرد على إيصال الأفكار للآخرين ولنفسه، استخدام أساليب فكرية غير مناسبة وعدم صحة المعلومات أو نقص المعلومات.

معيقات فكرية: استخدام أفكار غير مرنة و استخدام أفكار غير صحيحة يؤدي إلى حل غير صحيح ومنقوص.

معيقات ادراكية: النظرة النمطية للأمور والميل إلى تقييد المشكلة وعزل المشكلة وعدم النظر إليها من وجهات نظر مختلفة.

معيقات عاطفية انفعالية: الغموض والحكم على الأفكار بدل توليدها وإنتاجها، وعدم التطور أو الرغبة في التطور وعدم المقدرة على الاسترخاء والراحة والنوم ونقص السيطرة التخيلية وعدم المقدرة على تمييز الحقيقة من الخيال.

معيقات أخرى: مثل نقص المعلومات ونقص الخلفية عن الإبداع، وعدم تشجيع الأفراد على الإنتاجية، وعدم استغلال قدراته وحواسه، وعدم المناقشة، وعدم تقدير العمل.

معيقات الإبداع الإداري:

بعد استعراض المعيقات الأساسية للإبداع بشكل عام، لابد من الوقوف على معيقات الإبداع الإداري بشكل خاص والتي تقف عائقاً دون الإبداع، وقد قسمها الباحثون على هذا النحو (عامر والقاضي وعبد الوهاب، 1998):-

أ- المعيقات الادراكية:

وهي المعيقات التي تتعلق"بإدراك أو تصور للبيئة، وتحدث هذه المعوقات عندما يكون هناك خطأ في الإدراك (الرؤية غير الصحيحة للأشياء) أو خداع في الإدراك (والذي ينتج عن أشياء فسيولوجية أو نفسية) وكذلك ضيق الإدراك أو

محدوديته" وتعني" الصعوبة في عزل المشكلة الحقيقية ومعرفتها، وإضافة محددات صناعية من جانب، وافتراضات زائدة إلى المشكلة، وعدم المقدرة على رؤية المشكلة من زوايا مختلفة".

ب- المعيقات الاجتماعية والثقافية:

وهي المعيقات التي تتمثل في التقاليد، والأعراف وما يفرضه المجتمع أو جماعة معينة من: توقعات وأفكار أو رؤية للأشياء، والتي يلتزم بها أفراد المجتمع حرصا على انسجامهم واندماجهم في جماعاتهم".

ج- المعيقات التنظيمية:

وهي المعيقات التي تتمثل في ما تفرضه المنظمة في صورة رسمية كاللوائح والتعليمات والتوجيهات. أو في صورة غير رسمية مثل الإرشادات والنصائح والضغوط وكلما كانت هذه التوقعات كثيرة ومفصلة ضاقت دائرة الإبداع أمام العاملين، وتشمل "القصور الهيكلي في المنظمات، وانخفاض المهارات، وتركيز السلطة لدى الرؤساء وعدم تفويضها، واللوائح والتعليمات المقيدة".

د- المعيقات النفسية والعاطفية:

تظهر هذه المعيقات بصورة واضحة عندما تطرأ على الناس – حتى العاديين – أفكاراً جديدة ولكنهم يطردونها أو لا يتابعونها، وذلك خوفاً من الفشل أو انتقاد الآخرين أو الخوف من نتائجها"، وتشمل أيضاً " الخوف من الوقوع في الخطأ، وعدم المقدرة على اختزان الفكرة، ونقص التحديات والرغبة في تحقيق النجاح سريعاً" .

هـ- معيقات بيئية:

ووجد أمبيل (Amabile,1997)أن هناك معيقات بيئية تعيق الإبداع وهي:

1- فقر المناخ التنظيمي: ويكون التركيز فيه على الأمور غير الجوهرية، والتوزيع غير العادل للمكافآت، وقلة الدعم من مناطق المنظمة الأخرى، وقلة الاتصالات.

2- **القيود ونقص الحرية**: في الاختيار لما نفعل وكيف نفعل.

3- **اللامبالاة التنظيمية**: وتعني قلة الدعم النفسي، وقلة الحماس، وقلة الاهتمام، وعدم الإيمان بالنجاح.

4- **سوء إدارة المشروع**: ويشمل سوء التنظيم والتخطيط، ووجود توقعات غير حقيقية ومهارات اتصال سيئة، وإحباط للإبداع والنجاح، وأهداف غير واضحة.

5- **التقييم والضغط**: ويشمل وجود تقييم غير ملائم وإجراءات تغذية راجعة سيئة ضغطاً لإنتاج شيء غير متوقع.

6- **مصادر غير كافية**: وتعني قلة التسهيلات، والأدوات والمعلومات الضرورية.

7- **ضغط الوقت**: وتعني وجود وقت غير كاف ينعكس أو يؤثر على الموظف في بحثه عن موضوع جديد.

8- **التركيز على الحالة الوظيفية**: ومعارضة التغيير، وعدم الرغبة في أخذ الفرص وعدم تقبل الاختلاف في الأفكار.

9- **المنافسة**: وتعني الحاجة إلى التركيز على التنافس الشخصي ـ (American Society for Training & Development, 1989).

وأشار ملكاوي (2002) إلى أن معيقات الإبداع ومحدداته التنظيمية في الوطن العربي، تتمثل فيما يلي:

1- عدم الثقة بالنفس والشعور بالعجز.

2- توفير الجهد العقلي والهروب من التفكير.

3- الخوف من الوقوع في الخطأ والظهور بمظهر الفاشل.

4- تقديس الأساليب والمعلومات المعروفة واعتبارها قوانين ومسلمات.

5- المعرفة المحدودة في مجال واحد، وعدم الإلمام بالحـد الأدنى مـن المعرفـة في المجالات الأخرى.

وأضاف عساف (1990) إلى هذه المعيقات مايلي:

1- هيمنـة القانونية والتقليدية على كثير من القادة، ممـا يـبرز القانونيـة كـأهم محدد لتقييم كفاءة الموظفين وانتظامهم، فالقانون عنـدما يـبرز كمسـطرة للسـلوك يحول المناخ التنظيمي إلى روتين قاتل للإبداع، ومحبط للشخصية المبدعة، لا إطار للحركة يحقق التوازن بين مطلبي القانونية والمبادأة التـي هي مفتاح السلوك الإبداعي.

2- هيمنـة القـادة والمـديرين الإداريـين المفتقـرين للمعرفـة والمهـارة الإداريـة اللازمة على معظم المنظمات في مجتمعاتنا، وذلك نتيجة عدم الفصل بـين السـياسة والإدارة في مـنظمات القطـاع العـام، ممـا أدى إلى تحريـف قيمـة التنـافس الـوظيفي، وتحولهـا مـن حالـة تنـافس شريـف يـؤدي إلى تفجـر الطاقـات الإبداعيـة إلى حالـة تنـافس شريـف تعـوّق الميـول الإبداعيـة وتحبطها، لان بروز المبدعين سيكشف عـن عـورات القيـادات غـير الكفـؤة وعن مواطن عجزها، وقد يهدد مصالحها واستقرارها الوظيفي.

الفصل السادس

إدارة الاتصال في المؤسسات التربوية

إدارة الاتصال في المؤسسات التربوية

الاتصال عملية تعكس لنا بوضوح أحداث ماضينا وواقع حاضرنا وآمال مستقبلنا، فالاتصال هو حجر الزاوية في بنيان المجتمع الإنساني وهو ضرورة إنسانية واجتماعية وحضارية، لأنه يعنى بتقوية العلاقات الإنسانية في المجتمع وبتأصيل قيم الترابط والتواصل والتالف بين الأفراد والجماعات في المجتمع الإنساني ككل. وبذلك عمل الاتصال عبر العصور ، ومنذ نشأة الإنسانية على تنامي الحضارات حتى وصلت إلى ما نشهده الآن من تقدم ورقي في كافة مناحي الحياة .

هناك تعريفات عديدة لا يمكن حصرها لمفهوم الاتصال من قبل الباحثين والمتخصصين في علوم الإعلام والاتصال، عكست في معظمها أهمية هذا المفهوم ودوره في الحياة الإنسانية والمكونات أو العناصر الأساسية لعملية الاتصال.

إن كلمة اتصال مشتقة من الأصل الإغريقي (Commuins) وتعني (Common) عام أو مشترك، غير إن الترجمة الإنجليزية لكلمة (Communication) تعني تبادل الآراء والأفكار والمشاعر والمعلومات عن طريق الكلام أو الكتابة أو بالإشارة. وفي اللغة العربية أخذت كلمة اتصال من الوصل أي البلوغ أي وجود اتصال بين اثنين أو أكثر، وكانت قديماً تستخدم بمعنى نقل وتبادل ما يمكن توصيله مثل رسالة أو محتواها بينما تعني اليوم إعطاء وأخذ وتقاسم الأفكار والمعارف والمشاعر عن طريق الكلام أو الكتابة أو الإشارة (الطويل، 1986).

ويعود معنى كلمة اتصال إلى أنها عملية نقل فكرة معينة، أو معنى محدد في ذهن فرد ما إلى ذهن فرد آخر أو أفراد آخرين، وهي عملية يتم عن طريقها

إحداث التفاعل بين الأفراد بصورة متبادلة من الجانبين. وقد عرض كثير من الباحثين تعريفات للاتصال، وسنستعرض بعضا منها بما يكفي إعطاء صورة واضحة عن الاتصال.

عرف حجازي الاتصال بأنه إنتاج أو توفير البيانات والمعلومات الضرورية لاستمرار العملية الإدارية ونقلها أو تبادلها أو إذاعتها، بحيث يمكن للفرد أو الجماعة إحاطة الغير بأمور أو أخبار أو معلومات جديدة، أو التأثير في سلوك الأفراد والجماعات أو التغيير والتعديل في هذا السلوك أو توجيهه وجهة معينة (حجازي، 1982).

إن السمة الأولى التي تناولها هذا التعريف هي أن الاتصال إنتاج أو توفير للبيانات والمعلومات وهذا يدل على أن هناك مصدرا للمعلومات والبيانات وهو (المرسل) الذي يشكل أحد أطراف عمله. وأما السمة الثانية فهي إحاطة الطرف الآخر بهذه المعلومات والبيانات والأخبار الجديدة وهذا لا يتم إلا عن طريق استخدام وسائل اتصال مختلفة لنقل هذه المعلومات والبيانات، وأما السمة الثالثة فهي التأثير في سلوك الأفراد، وهذا يشير إلى أن هدف المرسل الذي يرسل البيانات ويخبر بوسائل الاتصال، تغيير وتعديل سلوك الطرف الآخر.

وهناك من عرف الاتصال بأنه العملية الدينامية التي يؤثر فيها شخص ما على مدركات شخص أخر من خلال مواد أو وسائط مستخدمه بأشكال وطرق رمزية (الطويل ، 1986). وهذا التعريف تضمن سمات أخرى للاتصال تمثلت الأولى في إن الاتصال دينامي ومستمر ويتطلب ربط الجهد والطاقة بالعمل. والثانية أنه يتم بين شخصين فأكثر وأنه قد يتم عن قصد أو عن غير قصد، وأنه يتضمن استخدام التعبير التجريدي الذي يحاول المرسل من خلاله نقل معنى محدد إلى المستقبل، وأنه يستخدم وسائط وقنوات متنوعة.

أما ديفز (Davis,1981) فعرف الاتصال بأنه عملية نقل وفهم المعلومات من شخص لآخر، ويشترك هذا التعريف مع تعريف حجازي السابق بأن الاتصال عملية تشتمل على عناصر عديدة، هدفها فهم الفرد لوجهة نظر الأفراد الآخرين لتحقيق غرض معين (Hoy, & Miskel,1998).

أما بينيس (Bennis, 2000) فعرف الاتصال بأنه عملية تبادل وتدفق المعلومات والأفكار من شخص إلى أخر ويشمل إرسال فكرة أو حقيقة أو معلومة من مرسل إلى مستقبل.

أما عملية الاتصال فتعني الحركة المستمرة في التعارف والتبادل والمعرفة المتبادلة ونقل المعلومات من مكان إلى أخر إما بهدف إتمام عمل أو اتفاق أو مجرد العلم لاحتمالات الحاجة إلى اتخاذ موقف أو قرار في المستقبل (المصري، 2000).

والاتصال عملية نقل رسالة من شخص لآخر في المدرسة سواء يتم ذلك من خلال استخدام اللغة أو الإشارات أو المعاني أو المفاهيم بغية التأثير في السلوك (حمود، 2002).

من هنا يمكن استخلاص تعريف للاتصال يتمثل في أنه عملية نقل الأفكار والآراء والمعلومات والانفعالات في صورة حقائق بين أجزاء المدرسة الواحدة بمختلف الاتجاهات عبر مراكز العمل المتعددة من أعلى المستويات إلى أدناها داخل الهيكل التنظيمي لهذه المدرسة بالأسلوب الكتابي أو الشفوي أو أية وسائل أخرى للتأثير على الآخرين مع الحفاظ على العلاقات الشخصية من أجل تنسيق الجهود وتحقيق الترابط والتعاون وتبادل الآراء والأفكار وسلامة التجارب المطلوبة.

أهداف الاتصال:

يتمثل الهدف الأساسي للاتصال في نقل المعنى، فالإنسان ينشغل طوال حياته في محاولة فهم الآخرين، وإتاحة المجال أمام الآخرين لفهمه. وتتأثر طبيعة الإنسان والاتجاهات التي يكونها والآراء التي يعبر عنها ونجاحه وفشله في الحياة

بمدى براعته في فن الاتصال؛ ومعنى ذلك أن الفشل في توجيه الحياة من خلال عملية الاتصال الإداري لا يؤدي إلى إخفاق في نوع ملائم من التكيف الاجتماعي فحسب، بل ربما يصحبه تفكك في الشخصية.

لقد أشار لوسيـر وايرويـن (Lussier & Irwin, 1995) إلى إن الهـدف مـن الاتصال هو محاولة التأثير والإقناع وليس مجرد إرسال الرسائل باستخدام الوسائل المختلفة، فلا قيمة للاتصال دون تحقيق هدف، ولا نجاح للاتصال دون إحداث تأثير، فالفرد يتصل ليؤثر ويتعرض للاتصال ليتأثر. ويتصل الفرد كذلك مـع الآخرين لنشر المعلومات، والتعبير عن المشاعر وقد يكون ذلك بطريقة لفظية أو غير لفظية.

أما تورنجتـون (Torrington & Laura, 1998) فأشار إلى أن هنـاك أربعـة أهداف رئيسية للاتصال داخل المنظمة هي:

الاتصال وسيلة للتعريف بالغرض من التعليمات والقوانين في المدرسة.

يعمل الاتصال على تحديد أهداف المدرسة بحيث يتم بواسطته تحديد الأعمال وكيفية إنجازها.

للاتصال الإداري أغراض تكاملية: حيث تكمـن الفكـرة الأساسـية لـه في تشجيع العاملين على التعامـل مـع المدرسـة والتوحـد في الأهـداف، والعمـل عـلى رفع معنوياتهم.

استخدام المعلومات وتوزيعها على الأفراد وفقا لاحتياجاتهم.

أهمية الاتصال:

تنبع أهمية الاتصال من كونه أحد الموضوعات الهامة والضرورية في الإدارة فهو ينتشر في جسم الوظيفة الإدارية كلها ولا يوجد عمل يتم عن طريق التعاون مع الآخرين إلا وكان نظام الاتصال عاملاً حاسماً فيه، فالاتصال الإداري

الفعال يعمل على تحقيق النجاح الإداري والفعالية الإدارية. حيث أشارت الدراسات والأبحاث بان الاتصال يستغرق ما بين 75% - 90% من ساعات العمل اليومية، لذلك يعتبر بمثابة الدم الدافق عبر الشرايين الحياتية للمدرسة، إذ بدون الاتصال تموت أو تضمر الحركة الدائبة للمدرسة وبذلك يمكن إيجاز الأهمية التي ينطوي عليها الاتصال في المدرسة بما يلي: (الخازندار، 1995).

الاتصال ضروري لنقل المعلومات والبيانات والإحصاءات والمفاهيم التي ستبنى عليها القرارات.

يسهم في إحكام المتابعة والسيطرة على الأعمال التي يمارسها أعضاء المدرسة وذلك من خلال المقابلات والتقارير التي تنتقل باستمرار بين الأفراد عبر المستويات المتعددة للمدرسة، وبذلك يتمكن المدير من الوقوف على نقاط الضعف الخاصة بأداء الأفراد والسعي لمعالجتها بشكل يضمن كفاءة عالية في أداء المدرسة.

يؤدي الاتصال دورا مهما في توجيه وتغيير السلوك الفردي والجماعي للعاملين في المدرسة.

تظهر أهمية الاتصال أيضا من خلال تأكيد بعض النظريات القيادية على مبدأ المشاركة كأساس للقيادة الناجحة وبخاصة المدخل السلوكي في القيادة حيث تعد المدارس من وجهة النظر السلوكية علاقات اتصال تجري في محيط العمل القيادي من خلال عملية الاتصال.

الاتصال نشاط إداري واجتماعي ونفسي داخل المدرسة، حيث يسهم في نقل المفاهيم والآراء والأفكار عبر القنوات الرسمية لخلق التماسك بين مكونات المدرسة، وبالتالي تحقيق أهدافها.

يتم من خلال عملية الاتصال إطلاع المدير على نشاط مرؤوسيه. كما يستطيع التعرف على مدى تقبلهم لآرائه وأفكاره، وصيغ عمله داخل

المدرسة. وبمعنى أكثر وضوحا، فان الاتصال يمثل وسيلة رقابية وإرشادية لنشاطات المدير في مجال توجيه فعاليات المرؤوسين (خلوف، 1999).

الاتصالات الداخلية في المدرسة تعكس بمجموعها ومعظم حالاتها الثقافة المؤسسية للإدارة (Wood, 1999) .

وظائف الاتصال:

يقصد بوظيفة الاتصال مدى استعمال الاتصال في مختلف الظروف لتحقيق أهداف معينة، وتأثير هذا الاتصال في عملية التنظيم بصفة عامة. (عشوي، 1992) وقد حدد سكوت وميشيل (Scout & Michael,1994). المشار اليهما في(العرفي ومهدي، 1996). الوظائف الرئيسية لعمليات الاتصال بما يلي:

1. الانفعالات (تهذيب العواطف) Emotions:

تعتبر شبكات الاتصال من ابتكار الناس، وأن كثيراً مما يتصل به الناس مع بعضهم البعض يحتوي على مضمون عاطفي أو انفعالي. إذ من خلال عملية الاتصال يستطيع العاملون التعبير عن إحباطا تهم وقناعاتهم للإدارة ولبعضهم البعض. يضاف الى ذلك، أن الاتصال يهيئ ميكانيكية معينة يستطيع الأفراد عن طريقها مقارنة الاتجاهات وحل الغموض بشان أعمالهم والأدوار التي يقومون بها، وكذلك مناطق الصراع بين الأفراد والجماعات. فإذا لم يكن العامل أو الموظف راضيا عن أجره، فانه غالبا ما يتصل بالآخرين بشكل غير رسمي لتحديد إن كانت أحاسيسه مبررة أم لا (العرفي ومهدي، 1996).

2. تحفيز الدافعية Motivation:

إن الوظيفة الثانية للاتصال هي تحفيز وتوجيه ورقابة وتقويم أداء أعضاء المدرسة. فقد أكدت الأدبيات في مجال القيادة على حقيقة أن القيادة - من حيث الجوهر- هي عملية تأثير يحاول الرؤساء من خلالها السيطرة على سلوك

المرؤوسين وأدائهم. ويعد الاتصال الوسيلة الرئيسية لهذه السيطرة. وان نشاطات القيادة وممارستها من إصدار الأوامر، ومكافأة السلوك والأداء، ومراجعة الأداء وتقويمه، حيث يتضمن تحديد المهمات وتدريب المرؤوسين وتطويرهم القيام بعملية الاتصال. كما أن مبادئ نظرية التعزيز تؤيد أن الناس قادرون على استلام وتوصيل المعلومات المتعلقة بأنماط السلوك المرغوبة، و مكافأة الاحتمالات أو المتوقعات التي تجعل السلوك والتغيير فيه أكثر فاعلية (نصر الله، 2001).

3. المعلومات Information:

فضلاً عن الوظائف العاطفية والتحفيزية يؤدي الاتصال وظيفة حيوية تتعلق بالمعلومات الضرورية لاتخاذ القرار. وعلى خلاف المشاعر والتأثير يكون للاتصال هنا توجيه تقني. حيث ركزت البحوث التطبيقية في هذا المجال من الاتصال على النشاطات المتعلقة بمعالجة المعلومات وطرق تحسين دقة قنوات الاتصال التي تحمل المعلومات إلى الفرد والجماعة والقرارات التنظيمية (Taboor, 2002).

4. الرقابة Control:

يرتبط الاتصال بالهيكل التنظيمي ارتباطاً محكماً. حيث تحاول المدارس السيطرة أو فرض الرقابة على نشاطات الأفراد من خلال الهيكل التنظيمي باستخدام قنوات الاتصال الرسمي. على اعتبار أن الهياكل التنظيمية تمثل قنوات رسمية للاتصال داخل المدارس. فقد أشار كل من مارج وسيمون (March & Simon, 1977) المشار إليهما في (نصر الله، 2001)، إلى أن المدارس تميل إلى روتينية اتخاذ القرار باستخدام البرامج، وأن معظم أنماط البرامج أو إجراءات العمل المقننة لها، تمثل جزءاً أساسياً من الاتصال الواسع لهذه البرامج, كما ادعيا أن النشاطات والقرارات الروتينية يبادر بها عن طريق الاتصال الرسمي، وأن نوع الأداء والنتائج يمكن إرجاعها وتدوينها من خلال القنوات الرسمية. مما يعني أن

قنوات الاتصال الرسمي تمثل وسيلة هيكلية رئيسية للرقابة داخل المدارس (نصر اللـه، 2001) .

أنماط الاتصال:

تعددت أنماط الاتصال الإداري بتعدد وجهات نظر الباحثين واختلاف مدارسهم الفكرية إلا انه يمكن تصنيف هذه الأنماط كما يلي:

1. الاتصال الهابط (النازل) Down ward communication:

يقصد به تلك العملية التي تنقل بها المعلومات من السلطة العليا إلى من هم اقل منها درجة، في جميع مجالات العمل أو ما يطلق عليه السلطة الدنيا، وبمعنى آخر من قمة التنظيم إلى أدنى المستويات الإدارية والمنفذة في المدرسة، حيث يستخدم بكثرة من جانب الإدارة العليا. وهو يتضمن في العادة الأفكار والقرارات والأوامر والتعليمات والتوجيهات، وتظهر أكثر أشكاله حدوثا في تعليمات العمل التي تعطي لجميع العاملين، على اختلاف مستوياتهم، والوظائف التي يقومون بأدائها، أو المذكرات الرسمية والنشرات المطبوعة، أو المحادثات المتكررة والدائمة التي تهدف إلى مساعدة التعليمات المختلفة لها. وهذا النوع من الاتصال الرسمي يعد ضرورياً وذا أهمية في عملية شرح وتوضيح الأهداف والاتجاهات، والقيام بتنفيذ المخططات والبرامج الخاصة بالمدرسة أو الأفراد، وكذلك تحديد اختصاص كل فرد ووظيفته ومجال الأعمال التي يقوم بتنفيذها، أو يجب عليه أن يقوم بها، لكي لا يحدث التباسا وتضارب في الأعمال، حيث أن الأوامر والتعليمات تصبح أكثر تفصيلاً وتحديداً لأنها تفسر من كل مستوى متوسط في هرم السلطة. إذ يعمل المديرون في كل مستوى لتحديد كم من المعلومات التي استلموها من المستويات العليا سيتم إيصالها إلى المرؤوسين. فضلاً عن الأوامر والتعليمات، يتضمن الاتصال الهابط معلومات عن الأهداف التنظيمية وسياسة المدرسة والقواعد والقيود

والحوافز والفوائد والامتيازات. وأخيراً قد يحصل المرؤوسين على تغذية راجعة عن مدى أدائهم لأعمالهم (نصر الله، 2001).

إلا انه في كثير من المؤسسات التربوية على اختلاف أعمالها، غالباً ما يكون الاتصال فيها إلى أسفل قليلا، وغير كافٍ ودقيق، الأمر الذي يؤدي إلى غياب وفقدان البيانات والمعلومات عن أعمالها وما يحدث فيها، وفي النهاية يؤدي إلى فشل الاتصال، وفي بعض الأحيان فشل العمل كله، فضلاً عن أن مثل هذا الوضع بالنسبة للمعلومات والاتصال هو أيضا غير كافٍ من الناحية الإنسانية، ومن ناحية وجود العلاقات الاجتماعية والشخصية بين الأفراد في المدرسة على اختلاف مراكزهم وأعمالهم. (عبد الباقي، 2002؛ حمود، 2002) .

وتعد الاجتماعات أو اللقاءات وجهاً لوجه والمكالمات الهاتفية والمذكرات المكتوبة والتوجيهات من أكثر الوسائل استخداماً في الاتصال الهابط، وهناك وسائل اتصال أخرى متوفرة للاستخدام في هذا النوع من الاتصال مثل: النشرات، والملصقات الجدارية، والرسائل إلى بيوت العاملين، والأوراق المطبوعة في مظروفات الرواتب والكتابيات، وأفلام التدريب، والتقارير السنوية. وعلى الرغم من أن هذه الوسائل قليلة الاستخدام -في الأعم الأغلب- إلا أنها تعد قنوات مهمة للاتصال الهابط (العرفي ومهدي، 1996).

2. الاتصال الصاعد Up ward Communication:

يتدفق الاتصال الصاعد من المستويات الدنيا إلى المستويات العليا في هرم السلطة. وعادة ما يكون عبر التسلسل الهرمي حيث إن الوظيفة الأولية للاتصال الصاعد هي الحصول على معلومات عن النشاطات والقرارات وأداء الأفراد في المستويات الدنيا.

والشكل (1) يوضح كلا من الاتصال النازل والصاعد خلال التسلسل الهرمي (العرفي ومهدي، 1996).

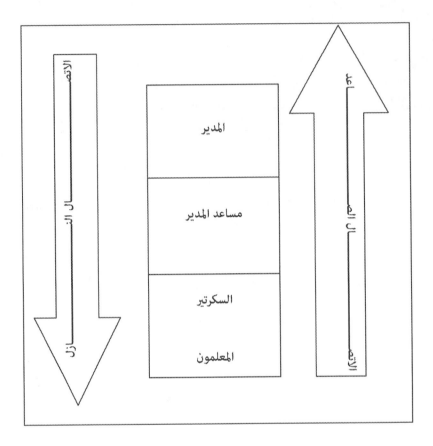

شكل رقم (1)

وقد يتضمن الاتصال الصاعد تقارير عن الأداء والتوجيهات والمقترحات العامة ومقترحات بصدد الميزانية، والشكاوى وطلبات المساعدة أو التعليمات. وكما هي الحال في الاتصال النازل، فان الأفراد في المستويات الوسطى في هرم السلطة يعملون كمصفاة للمعلومات التي تمر من خلالهم. إذ يقومون بتوحيد وتلخيص المعلومات عن الأحداث والأداء عند المستويات الدنيا. ومن الوسائل المستخدمة في الاتصال الصاعد: الاجتماعات أو اللقاءات وجها لوجه، والتقارير، والمذكرات المكتوبة، والهاتف، والاجتماعات (العرفي ومهدي،1996).

وبما أن الاتصال من أسفل إلى أعلى غير توجيهي بل على شكل استفسارات، وتقارير، واتخاذ القرارات فهو يمثل نظام المعلومات المرتدة. (حنفي وأبو قحف وبلال، 2002)

3. الاتصالات الأفقية: Lateral Communication

ويقصد به الاتصال الذي يسير فيه التفاعل في اتجاهين بين العاملين الذي يكون في نفس التسلسل في المستوى الإداري للتنظيم، و يهدف الى تبادل المعلومات والتنسيق بين الجهود والأعمال التي يقومون فيها، حيث يحدث هذا النوع من الاتصال الأفقي، ويمارس في الغالب على شكل اجتماعات اللجان والمجالس المختلفة الموجودة داخل المدرسة.

وعملية توفير هذا النوع من الاتصال الرسمي يعد من الأمور التي تنسى- أو تغفل معظم الأحيان، وخصوصاً عند القيام بتصميم إطار أو هيكل معظم المؤسسات التربوية على الرغم من أن أهميتها للنجاح لا تقل عن أهمية الاتصال إلى أعلى والى أسفل، لأن الاتصال بين إدارات المؤسسة التربوية الواحدة يعد ضرورياً لعملية التنسيق والتكامل، بين الوظائف التنظيمية المتنوعة (نصر الله، 2001).

ويعد ذلك النوع من الاتصال ضرورياً وعلى درجة من الأهمية في تنسيق العمل وتبادل الآراء ووجهات النظر وطرح الأفكار ومناقشتها بين الأفراد بعضهم بعضا حيث يعتقد البعض أن ذلك النوع من الاتصال يعد مثاراً للعديد من المشكلات. ويعتقد البعض الآخر بأنه يمكن التخلص من بعض تلك المشكلات عن طريق استخدام التخصص الوظيفي والتنسيق للأعمال والتعاون من خلال دعم المدرسة لفرق العمل وتنمية روح العمل كفريق دائم، وغير ذلك (عرفة وشبلي، 2000)

4. الاتصال في اتجاهين   Two – way Communication

إن الاتصال عملية مشتركة، فمثلاً عندما يتكلم أحد الأفراد، فان فرداً آخر ينصت له لكي يتعرف على رأي المتكلم وأفكاره ويحدد ما إذا كان من الممكن التقاء أفكارهما أم أن هناك اختلافاً بينهما. ومن الناحية الأخرى فان المتكلم يهتم بمعرفة رد فعل المستمع أو إظهار عدم الاهتمام به يعتبر من الأمور الخطيرة التي تقضيـ على الاتصال الفعال حيث أن مجرد الكلام أو الكتابة دون اعتبار لرد الفعل أو تجاوب المتصل به سيؤدي إلى سوء الفهم والاعتراض (توفيق، 1997).

إن الاتصال من هذا النوع يدعى أيضا اتصال مزدوج، حيث يبدأ من طرف ويتجه إلى الطرف الثاني بالأمر أو المعلومات والتعليمات التي يريدها والثاني بدوره يتلقى هذه التعليمات والمعلومات، ويستجيب أو يقوم بالاستفسار عن هذه المعلومات، وهكذا يدور الحوار والمناقشة بين الطرفين، وهذا النوع من الاتصال يعد من صفات وخصائص القيادة التي تقوم على المشاورة وإعطاء الحق في الحديث والمشاركة، أي تهمهما عملية تبادل المعلومات مع أفراد المدرسة. ويوصف هذا النوع من الاتصال بالاتصال الكامل لأنه يعطي الفرصة الكافية للمرسل والمستقبل للمحادثة والمناقشة والتعبير عن رأيهم في ضوء المعلومات التي أرسلها المرسل واستقبلها المتلقي المستقبل. (نصر الله، 2001).

5. الاتصال التفاعلي: Reactive Communication

يهتم هذا النمط بالتواصل مع المجتمع الخارجي المحيط بالمدرسة. ذلك أن المدرسة نظام في حد ذاتها يتكون من مجموعة عناصر مترابطة تتفاعل فيما بينها لتحقيق الهدف، وهي تعد أيضا بنظرة أشمل نظام فرعي داخل نظام كبير يتركب من عدد هائل من المنظمات هو المجتمع. والمدرسة نظام مفتوح، حيث تعتمد على المجتمع الذي نعيش فيه في الحصول على مدخلاتها واليه تقدم مخرجاتها، وتعمل على النهوض بالمجتمع. ويعتمد المجتمع على منظماته في صيانته وتطوير نفسه

وانتعاشه، لذلك يحدث التفاعـل عـن طريـق الاتصـال الخـارجي بـين المدرسـة والمجتمع ونمط الاتصال التفاعلي هو الذي يراعي أهمية الاتصال الخارجي مـع المجتمـع الى جانب الاتصال داخل المدرسة. (غيث، 1996).

وسائل الاتصال في الإدارة التربوية:

تتعـدد وسـائل الاتصـال في الإدارة التربويـة، ولكـل وسـيلة دورهـا في توصـيل المعلومة، أو الخبر الذي يختلف عـن دور الوسـيلة الأخـرى إلا في بعـض الجوانـب التـي تتعلق بالوسيلة ذاتها، ومن أهم هذه الوسائل (الطبيب، 1999):

1. المجالس التعليمية:

تؤدي المجالس التعليميـة دورهـا في العمليـة التعليميـة والإداريـة حيـث تبـرز أهميتها كوسيلة اتصال في عملية التنسيق بين الأجهزة المختلفة، أو عن طريـق المشاورة في عملية اتخاذ القرارات التربوية، وهي أما أن تكون مجـالس استشـارية أو تنفيذيـة أو عامة أو نوعية، ولكل من هذه المجالس وظيفـة تؤديهـا، فالمجـالس الاستشارية تقدم المشورة والنصح فيما يطرح من موضوعات، وهي وان كانت تبدي الـرأي إلا أن قراراتها أو آراءها غير ملزمة، وهي أيضا وان كانت لا تملك سـلطة اتخـاذ القـرار، إلا أنهـا تسـهم إسهاماً إيجابياً في تحديد شكل القرار (صالح، 2001).

2. اللجان التربوية:

تتمثل اللجان التربوية في مجموعة من الأفراد المتخصصين، تكلـف بعمل معـين أو يوكل إليها القيام بمهمة محدودة، وتتحمل مسؤولية ما أوكل إليهـا القيام بـه، وهـي تمارس نشاطها وأعمالها عن طريق اجتماعات عـادة مـا تكـون دوريـة، وأحيانـاً تكـون حسب متطلبات الموقف، وهذه اللجان قد تكون استشارية أو تنفيذية دائمـة أو مؤقتـة لموضوع أو لغرض معين، أو لمشكلة محدودة.

3. وسائل الاتصال المكتوبة:

وتشمل هذه الوسائل كل من الرسائل والقرارات والتقارير، وغيرها إلا أن لكل واحدة من هذه الوسائل وظيفة تختلف عن الأخرى، فالقرارات عادة ما تكون من أعلى إلى أسفل أي يخاطب بها الرئيس كقرارات العمل والترقية. أما الرسائل فعادة ما يكون امتدادها أفقيا أو يكون من أعلى إلى أسفل كالمخاطبات الإدارية، والالتماس ورسائل الشكر والإبلاغ وأوامر التنفيذ والمواقف والتعميمات، أما التقارير فعادة ما تكون من أسفل إلى أعلى، ويخاطب بها المرؤوس الرئيس، أو الإدارة لأسفل تخاطب الإدارة الأعلى منها سلطة، وهي أما أن تكون تقارير عن أشخاص أو منشآت أو أوضاع مالية معينة.

4. المقابلات:

تعد المقابلات من أوضح وسائل الاتصال، لأنها عادة ما تكون وجهاً لوجه، ولأنها تختلف عن الوسائل الأخرى في أنها تمتاز بجانب الأخذ والرد والتعليل والتفاهم، ولذلك تعقد عادة مع الرؤساء والمديرين والآباء والتلاميذ، كل حسب موقفه وظروفه، وبذلك تتم مناقشة الموضوعات والخطط والأمور الغامضة.

5. الاجتماعات:

تلعب الاجتماعات دوراً مهما في الإدارة المدرسية فهي من الوسائل الأساسية الضرورية للإشراف الإداري التي لا يستغني عنها المدير أو رئيس القسم وغيرهم في ممارستهم لمناشطهم وواجباتهم ويكون لهذه الاجتماعات أثر فعال إذا ما أحسن تنظيمها وتوجيهها بحيث تؤدي الغرض الحقيقي منها، في زيادة فعالية الإشراف وزيادة مقدرة الموظفين وتحسين آرائهم. وفيها تتاح الفرصة للتفكير التعاوني البناء وتناول الأفكار والآراء ووضع الخطط والبرامج. ويدلي فيها ذوو المعرفة بالآراء الحافزة المثيرة، وفيها أيضاً نتاج الفرصة لتعرف الموظفين على

أحوال العمل وما يجري فيه من أمور ومستجدات وذلك من الرئيس مباشرة دون أي وسيلة أخرى قد تشوه المعلومات أو تحرفها.

6. وسائل الأعلام:

تحتاج الإدارة المدرسية إلى وسائل الإعلام كوسائل اتصال بين رجال الإدارة والمجتمع المحلي لأغراض الإعلانات، والتعريف بالمشاريع العلمية والإدارية، والندوات والمؤتمرات، حيث تستخدم في ذلك الصحف والمجلات والإذاعة والتلفاز، ومن خلال هذه الوسائل يمكن مخاطبة الجمهور، ومناقشة القضايا، والاستماع إلى ردود الفعل، وتوضيح المواقف والقرارات حول شؤون التربية والتعليم، وهي بذلك تشرح للجمهور ومن يعنيهم الأمر أسباب طرح أي قرار، أو تغير في المواقف والخدمات التعليمية، وهي أيضا تقوم بعرض أراء الآخرين الذين يعنيهم أو يقع عليهم التغيير أو القرار، كما أنها تسعى إلى توضيح كيفية التوفيق بين مطالب الناس، واحتياجات الدولة (الطبيب، 1999).

معوقات الاتصال الإداري:

يمكن النظر إلى معوقات الاتصال بأنها كل الأشياء التي تمنع من تبادل ونقل المعلومات أو تعطلها أو تؤخر إرسالها أو استلامها أو تشوه معانيها أو تؤثر في كمياتها وبالتالي تشتيت المعلومات وتشوهها وتحول دون انسيابها بالشكل المطلوب وبالتالي تحول دون تحقيق اتصال فعال. وبذلك فان أي شيء يمنع فهم الرسالة يعد حاجزاً وعائقاً للاتصال. (Bennis, 2000).

تستمد معوقات الاتصال أهميتها من منطلق نظرة الآخرين إليها وإدراك أثارها على الإنتاج والفرد والمدرسة، وتختلف هذه المعوقات حسب تصنيفها وإمكانية تواجدها بالمنظمة وباختلاف مستوى إدراك الإدارة وحرصها على تبني نظام جيد للاتصال تصل به المعوقات إلى أدنى حد ممكن، حيث أنه لا تخلو أية منظمة إنسانية من وجود بعض صور المعوقات، لذا كان من واجب الإدارة

والأفراد العمل على تقليل أو منع هذه المعوقات قدر الإمكان ومن أهـم هـذا المعوقات ما يلي:

أولاً: المعوقات التنظيمية:

وتنشأ المعوقات التنظيمية من طبيعة التنظيم غـير الجيـد الـذي بـدوره يتسـم بالعجز عن مواكبة مطالب واحتياجات المدرسة، حيث يمثل التنظيم الرسمي الإطار أو الهيكل الذي يضم المجموعات المختلفة من أوجه النشـاط التـي تمـارس داخـل المدرسة والذي يعمل الأفراد في حدودها طبقاً لطبيعة الهيكل التنظيمي.

وبشكل عـام فـان المعوقـات التنظيميـة تـرتبط ارتباطـاً كليـاً بطبيعـة الهيكـل التنظيمي، فإذا كان هذا الهيكل متماسكاً ومرناً ومتكيفاً مع البيئـة التنظيميـة الداخليـة والخارجية كانت المعوقات التنظيمية قليلة، وإذا كان هذا الهيكل غير واضح والسلطات متداخلة، كان ذلك مدعاة إلى ظهور مشكلة تنظيمية هي عدم الاستقرار التنظيمي ومـا ينتج عنه من تحيز في الهيكل والوظائف والعلاقـات التنظيميـة. (قوي، 2000).

ثانياً: المعوقات الفنية والمادية:

وتنصب هذه المعوقات على الجوانب الخاصة بالعمـل أو الواجـب المكلـف بـه الشخص، ويمكن القول إن الجانب المادي من هذه المعوقـات يـرتبط بالأشياء الملموسـة في الاتصال كالأدوات الاتصالية و العناصر المادية ذات الصلة الوثيقة ببيئة الاتصال، أمـا الجوانب الفنية فهي مكملة للجانب المادي وتعطي لعملية الاتصال بعداً أكثر ضبطاً وتنظيماً وترتبط بالجوانب الشكلية. إلاّ أنه قد تحدث للوسيلة الاتصالية أعطال، وهـذه الأعطال تتمثل بالأعطال الفنية والميكانيكية مثل تلعثم المتكلم، أو سوء الطباعة أو عدم وضوح الصور المرئية (أنشاصي،1997).

ثالثاً: معوقات اللغة:

وهي المادة الأساسية للتعبير عن موضوع الاتصال. وذلك عـن طريـق اسـتخدام الكلمات والرموز وهنا تكمن العقبة التي تشكل عائقاً أمام تحقيق اتصال فعـال حيـث أن الكلمات لها مـدلولات ومعـاني تختلـف مـن فرد لآخر فـالعمر والثقافة والتعليـم والخلفية الفكرية، كل هذه متغيرات تؤثر في تقصير مفهـوم الكلمات وإعطائهـا معـاني مختلفة فقد يكون للكلمة معنى عند المدير يختلف عنه عند العامل بسبب اختلاف مستوى التعليم بينهما، وكذلك استخدام اللغة الفنية في الأقسام المهنية المتخصصة مثـل قسم الحاسب حيث يستخدم العاملون فيه مفردات وتراكيب لغة الحاسب. ومن ناحية أخرى فان المرسل قد تكون لدية فكرة واضحة في ذهنه ولكن طريقة عرضه للفكرة غـير واضحة بسبب استخدام كلمات تثير أكثر من معنى لدى المستقبل، الأمر الذي يـؤدي إلى تشتيت انتباهه (Basset, 1983).

رابعاً: معوقات الحالة النفسية:

إن للحالة النفسية والعاطفية دوراً مؤثراً في عملية الاتصال فالاسـتقرار النفسي ـ والعاطفي يؤثر في تفسير الأشياء والنظر إليها، فضـلا عـن تـأثير ذلك في عمليـة الاتصـال بشكل سلبي كتفسيره للرسالة نفسها وما إذا كان في حالة توتر وغضب لأن ذلك يؤثر في عملية صياغة جمل الرسالة أو في طريقة التعبير عنهـا. فـإذا كانـت ظـروف عمـل الفـرد للمعلومات غير مستقرة ويسودها القلق والخوف فأنها تـؤثر بشكل سـلبي في إرسـال الفرد للمعلومات واستقبالها وبذلك فان عمليات الاتصـال لا تحقـق أهـدافها بنجـاح إلا إذا أخذت بعين الاعتبار ظروف الفرد النفسية والعاطفية (Basset, 1983) .

خامساً: المعوقات الإدراكية:

وهي تتعلق بقدرة الفرد العقلية على تفسير الأشياء وفهمها، حيث تتـأثر قـدرة الفرد الإدراكية بالبيئة التي يعيش فيها ومستوى تعليمه ونظم القيم السائدة والثقافة

السائدة، لذا تعد هذه من العوامل المهمة التي تؤثر في مدى فاعلية الاتصال فقصور أو ضعف القدرة الادراكية للفرد يؤثر سلباً في عملية الاتصال من حيث إرسال المعلومات واستقبالها، وكذلك تؤثر بشكل سلبي في عملية فهم الفرد واستيعابه للمعلومات وكذلك في المعنى الذي يعطيه لهذه المعلومات ودرجة تأثير المعلومات عليه. ومن ضمن المعوقات الإدراكية أيضاً التأثير في عملية الاستماع من خلال ما يسمى بالإدراك الانتقائي وهو ميل الأفراد إلى انتقاء واختيار جزئية أو جزيئات من موضوع الرسالة، فقد يقوم الفرد باختيار الجزيئات التي تتفق مع أهدافه وقيمه ومميزاته وإهمال الجزء الباقي من موضوع الرسالة وبالتالي يؤثر سلباً في فاعلية الاتصال. (Davis, 1981).

سادساً: معوقات الإفراط في الاتصال:

يصبح الاتصال غير فعال إذا زاد عن الحد المطلوب أو الحاجة لأنه يؤدي إلى تراكم في المعلومات يزيد عن حاجة الإدارة وبالتالي يشكل عبئاً عليها بسبب عدم توفر الوقت الكافي لقراءتها وعدم قدرة المدير على استيعاب هذا الحجم الهائل من المعلومات مما يؤدي إلى إهمال جزء منها قد يكون مهماً، مما يؤدي إلى إضعاف الفعالية الإدارية (Davis, 1981) .

وعليه فالاعتدال في الاتصال وتنظيمه يتيح للمستقبل فرصة إعطاء الوقت والقدر الكافيين للمعوقات الموجهة إليه للاستفادة منها بالشكل المطلوب. وهنا لا بدّ من الإشارة إلى مظاهر الإفراط في الاتصال وهي كثرة المذكرات والتقارير الصاعدة والهابطة وكثرة الاجتماعات وكبر عدد المشاركين فيها دون الحاجة والإصرار على أن تقدم الاقتراحات والآراء بشكل مكتوب دائماً وعدم استغلال قنوات الاتصال غير الرسمية وأساليب الاتصال الشفوي.

وقد تعزى أسباب الإفراط في الاتصال إلى سوء فهم التنظيم والمركزية الشديدة وعدم تفويض الصلاحيات، وقد يكون مرد ذلك إلى أسلوب الإشراف الذي

يمارسه المديرون، والى الرغبة في إحكام الرقابة على المرؤوسين وفي الإطلاع على كل صغيرة وكبيرة في العمل. (درويش وتكلا، 1980).

سابعاً: معوقات بيئية:

من المعروف أن المدرسة عبارة عن نظام مفتوح، فهي عبارة عن كيان متكامل يتكون من مجموعة من الأجزاء ذات العلاقة المتداخلة والتي تؤثر فيها وذلك لضمان نجاحها واستمرارها فالمدرسة تأخذ من خلالها من البيئة وبالمقابل تعطيها مخرجاتها وتقرر أنشطتها بناءاً على احتياجات المجتمع، فعملية التفاعل بين المدرسة والبيئة لن تتم إلا في ظل تدفق كميات هائلة من المعلومات بصفة مستمرة لخدمة أهداف النظام ككل ليتسنى للمدرسة القيام بمزاولة أنشطتها وعملها بدون معوق وذلك للاتصال الضروري لسير العمل. هناك جانب آخر للبيئة وهو المكان الذي يؤدى به العمل فقد يكون سيء الترتيب والتهوية والإضاءة أو قد يكون بارداً أو جافاً أو غير ذلك (خلوف، 1999).

ثامناً: المعوقات المرتبطة بمراحل عملية الاتصال:

من أجل تحقيق فاعلية عملية الاتصال، لابد من الاهتمام بكل مرحلة أو خطوة من خطوات عملية الاتصال وإعطائها العناية الكافية وفي حالة حدوث أي تداخل أو عدم فهم أو عدم وضوح فان ذلك قد يصبح عائقاً لعملية الاتصال حيث تتمثل معوقات مراحل عملية الاتصال في معوقات تتعلق بـ: المرسل، والتحويل، والوسيلة، والنقل، والمستلم، والتغذية العكسية (عرفة وشلبي، 2000).

الـمراجــع

المراجع

أ. المراجع العربية:

1. أبو دية، عماد (2004م)، "**إطار عام مقترح لإدارة المعرفة في المستشفيات الأردنية**"، المؤشر العلمي الدولي السنوي الرابع (إدارة المعرفة في العالم العربي) جامعة الزيتونة الأردنية، عمان، الأردن.

2. أبو فارة، يوسف (2004م)، "**العلاقة بين استخدام مدخل إدارة المعرفة والأداء**"، المؤتمر العلمي الرابع، إدارة المعرفة، جامعة الزيتونة، عمان،26 - 28، الأردن.

3. أبو قبة، عاهد جبر، (2004)، "**مدى تطبيق إدارة المعرفة والمعلومات في الوزارات المركزية في الأردن**" رسالة ماجستير غير منشورة، الجامعة الأردنية.

4. أنيس، إبراهيم ومنتصر، والصوالحي، عبد الحليم، عطية وأحمد، محمد (1973)، المعجم الوسيط، ط3، ج2، دار عمران، مجمع اللغة العربية، القاهرة.

5. تويجر، أنس، (2003) **القيم الشخصية والتنظيمية وأثرها في فاعلية المديرين في الوزارات الأردنية**. رسالة ماجستير غير منشورة، كلية الدراسات العليا،جامعة مؤتة، الكرك.

6. جواد، كاظم، (2003)، أثر المعرفة السوقية في اختيار الاستراتيجيات التنافسية والتميز في الأداء، مجلة الأردنية للعلوم التطبيقية، **العلوم الإنسانية**، جامعة العلوم التطبيقية، مجلد-6، عدد2، ص20-14.

7. حسين، سلامه. (2007)، **ثورة الهندرة**، دار الجامعة الجديدة، الاسكندرية، مصر.

8. حريم، حسين (2003)، **إدارة المنظمات**، منظور كلي، الطبعة الأولى، عمان، الحامد للنشر والتوزيع.
9. الحفني، عبد المنعم، (2000)، **المعجم الشامل لمصطلحات الفلسفة**، ط3، مكتبة مدبولي، القاهرة.
10. الدوري، زكريا، العزاوي، بشرى (2001)، "**إدارة المعرفة وانعكاساتها على الإبداع التنظيمي**". بحث مقدم إلى المؤتمر العلمي الدولي السنوي الرابع، إدارة المعرفة في العالم العربي، جامعة الزيتونة، عمان.
11. الرشيد، عادل، حداد فريد، (2001): فرق العمل في منظمات الأعمال الأردنية دراسة ميدانية لاتجاهات المديرين المعنيين، الأردن، مجلة أبحاث اليرموك، مجلد17، عدد2.
12. الزامل، ريم (2003) "إدارة المعرفة لمجتمع قادر على المعرفة"، متوافر عبر موقع **مجلة العالم الرقمي**، العدد16، إبريل.
13. بابكر، الحاج امين.(2006). الهندرة ودورها في تطوير المؤسسات الاكاديمية. جامعة الملك خالد ، جدة، السعودية.
14. الساعد، رشاد، حسين حريم (2004)، **دور إدارة المعرفة وتكنولوجيا المعلومات في إيجاد الميزة التنافسية - دراسة ميدانية على قطاع الصناعات الدوائية بالأردن**، المؤتمر العلمي الدولي السنوي الرابع (إدارة المعرفة في العالم العربي) جامعة الزيتونة الأردنية، عمان، 28-26نيسان.
15. السالم، مؤيد سعيد، (1999)، **نظرية الهيكل والتقييم**، الطبعة الأولى، عمان، دار وائل للنشر.
16. الشيخ، سوسن، (1997)، قيم وسلوك المرؤوسين كمتغير وسيط بين قيم وسلوك الرؤساء والفعالية التنظيمية، بحث ميداني إسلامي،

المجلة العلمية لكلية التجارة، فرع جامعة الأزهر للبنات، العدد14.

17. الشماع، خليل محمد حسن وحمود صقير كاظم، (2000)، **نظرية المنظمة**، الطبعة الأولى، دار المسيرة للنشر والتوزيع، عمان.

18. الشمري، انتظار والدوري، معتز (2004) **إدارة المعرفة ودورها في تعزيز عملية اتخاذ القرار الاستراتيجي**، المؤتمر العلمي السنوي الدولي الرابع (إدارة المعرفة في العالم العربي)، جامعة الزيتونة الأردنية، عمان،28- 26، نيسان.

19. الشواف، سعيد علي (1989) قياس متغيرات الفاعلية التنظيمية، الرياض، **مجلة الإدارة العامة**، العدد61، ص141.

20. صيام، زكريا، (2004)، "**مدى إدراك أهمية إدارة المعرفة المحاسبية في الشركات الصناعية المساهمة العامة الأردنية**"، رسالة ماجستير غير منشورة، الجامعة الأردنية، عمان، الأردن.

21. هامر، مايكل وجيمس، شامبي، (200). ثورة الهندرة، ترجمة حسين فلاحي، دار آفاق للنشر والاعلام، الرياض، السعودية.

22. وهبة، مراد. (1991). **أبحاث ندوة الإبداع والتعليم العام**، المركز القومي للبحوث التربوية والتنمية' القاهرة.

23. هلال، محمد عبد الغني. (1996). **مهارات التفكير الابتكاري. كيف تكون مبدعاً؟** مركز تطوير الأداء والتنمية، القاهرة.

24. هويدي، زيد،. (1993). **الإبداع**، دار الكتاب الجامعي، العين.

25. محمد، محمد عز العرب. (2002. **القيادة الإبداعية في مواجهة التحديات المعاصرة**، ورقة عمل في المؤتمر العربي الثاني في الإدارة، مجلة النهضة، العدد العاشر، القاهرة.

26. طريف، فرج، (1993) **السلوك القيادي وفعالية الإدارة**، مكتبة غريب، القاهرة.

27. العدلي، ناصر محمد، (1995)، "**السلوك الإنساني والتنظيمي: منظور كلي مقارن** / معهد الإدارة العامة، الرياض.

28. العضايلة، زياد، (2003)، "**أثر سمات العمل في فاعلية الوزارات الأردنية، دراسة ميدانية**، رسالة ماجستير غير منشورة، كلية الدراسات العليا، جامعة مؤتة، الكرك.

29. العلواني، حسن، (2001)، إدارة المعرفة، مفهوم والمداخل النظرية، المؤتمر الثاني، القاهرة.

30. العنزي، سعد، (2001) "**رأس المال الفكري: الثروة الحقيقية لمنظمات أعمال القرن الحادي والعشرين**" م (8) ، ع (25).

31. عبد الرحمن، محمد السيد.(1998) **نظريات الشخصية**، دار الأنجلو للنشر والتوزيع، القاهرة.

32. روشكا، الكسندر، (1989). الإبداع العام والخاص، ترجمة غسان عبد الحي، **عالم المعرفة**، الكويت.

33. حوامدة، باسم. (2003). **المناخ التنظيمي في مديريات التربية والتعليم وعلاقته بالإبداع الإداري لدى القادة التربويين في الأردن.** رسالة ماجستير غير منشورة، عمان، جامعة عمان العربية للدراسات العليا.

34. عامر، أيمن. (2003). **الحل الإبداعي للمشكلات بين الوعي والأسلوب**، ط*1*، مكتبة الدار العربية للكتاب.

35. السرور، نادية. (2002). **مقدمة في الإبداع**، دار وائل للنشر، عمان.

36. زيتون، عايش. (1987). **تنمية الإبداع والتفكير الإبداعي في تدريس العلوم**. عمان، جمعية المطابع التعاونية.

37. القرآن الكريم، **سورة البقرة**، آية (116).

38. القرآن الكريم، **سورة النمل**، آية (35).

39. ابن منظور المصري. (1300هـ). **لسان العرب**، المجلد الثامن، بيروت، دار صادر.

40. أبو عليا، محمد . (1983). **السمات العقلية- الشخصية التي تميز الطلبة المبدعين عن غيرهم في المرحلة الثانوية**. رسالة ماجستير غير منشورة عمان، الجامعة الأردنية .

41. العنزي، سعد، ونعمة، نغم حسين، (2001) "أثر رأس المال الفكري في أداء المنظمة: دراسة ميدانية في عينة من شركات القطاع الصناعي المختلط، **مجلة العلوم الاقتصادية والإدارية**، م (8) ، ع (28)، ص20-28.

42. غرايبة، خالد (2003) "**المعرفة الإدارية وأثرها على الإبداع الإداري لدى المشرفين الإداريين في الشركات المساهمة العامة الأردنية في إقليم الجنوب**" رسالة ماجستير غير منشورة، كلية الدراسات العليا، جامعة مؤتة، الكرك.

43. فريد، سمير، (1987) "القيم وأثرها على الكفاءة وفعالية المنظمة: نحو مدخل بيئي للدراسة والتحليل"، **مجلة العلوم الإدارية والسياسية**، العدد3، ص19-47.

44. فضل الله، فضل الله علي، (1986) "المعوقات السياسية والاقتصادية والاجتماعية والثقافية في العالم العربي وأثرها في توجهات الإبداع الإداري" **المجلة العربية للإدارة**، م(10)، ع(3).

45. القريوتي، محمد قاسم، (2000) **نظرية المنظمة والتنظيم**، الطبعة الأولى، دار وائل للنشر، عمان.

46. الطراونه، إحسين. (2006)، **العلاقة بين التمكين الإداري وفاعلية عملية اتخاذ القرارات لدى مديري المدارس الحكومية في إقليم جنوب الأردن**. رسالة ماجستير، جامعة مؤتة.

47. وليامز، ريتشارد. (1999). **أساسيات الجودة الشاملة**، ترجمة مكتبة جرير الجمعية الأمريكية للإدارة أما كوم، نيويورك، 1994.

48. البيلاوي، حسن. (1966)، إدارة الجودة الشاملة في التعليم. مؤتمر التعليم العالي في مصر وتحديات القرن 21. جامعة المنوفية، 20- 21 مايو 1996.

49. درباس، أحمد. (1994)، إدارة الجودة الكلية ومفهومها وتطبيقاتها التربوية. رسالة الخليج العربي، الرياض العدد 50، ص14، 1994.

50. جابلونسكي، جوزيف. (2000). **إدارة الجودة الشاملة، تطبيق إدارة الجودة الشاملة**: نظرة عامة. عبد الفتاح النعماني، مترجم. القاهرة، 2006.

51. البنا، رياض رشاد. (2005). **إدارة الجودة الشاملة في التعليم**. ورقة عمل مقدمة إلى مؤتمر التعليم الابتدائي العشرين، البحرين، المنامة. 20-25 يناير، 2006.

52. الشرقاوي، مريم (2002)، **إدارة المدارس بالجودة الشاملة**، القاهرة، مكتبة النهضة المصرية.

53. الشماع، محمد هشام. (1998). **كيف تحصل على شهادة توكيد الجودة ISO 9000**. دمشق: دار المسيرة للطباعة.

54. صالح، حسين (2001). جودة التعليم والمدرسة الفاعلة، رسالة المعلم، مجلد 40، عدد 4، ص 125.

55. المديريس، عبد الرحمن. (2000). **إدارة الجودة الشاملة الآيزو 9000 وإمكانية الاستفادة منها في القطاع التعليمي.** الإحساء.

56. قرة، ناصر الدين. (2002). **تطبيق إدارة الجودة الشاملة في الخدمات التعليمية.** ورشة عمل تطبيقية، الإحساء.

57. عماد الدين، منى. (2001). **التجارب العالمية المتميزة في الإدارة التربوية.** رسالة المعلم، م4، ص102-103، وزارة التربية والتعليم، عمان.

58. السلمي، علي. (2000). **إدارة الجودة الشاملة ومتطلبات الآيزو.** دار غريب للطباعة، القاهرة.

59. جويلي، مها (2002) المتطلبات التربوية لتحقيق الجودة التعليمية، دراسات تربوية في القرن الحادي والعشرين، الإسكندرية: دار الوفاء للنشر، ص 41-50.

60. زين الدين، فريد. (1996). **المنهج العلمي لتطبيق الجودة الشاملة في المؤسسات العربية.** دار الكتب، القاهرة.

61. العلي، عبد الستار. (1996). **تطوير التعليم الجامعي باستخدام إدارة الجودة الشاملة.** ورقة عمل قدمت في المؤتمر الأول للتعليم الجامعي، العين: جامعة الإمارات العربية المتحدة.

62. عليمات، صالح. (2002). **إدارة الجودة الشاملة في المؤسسات التربوية ـ التطبيق ومقترحات التطوير.** ط1، اربد.

63. النجار، فريد (2002)، **إدارة الجامعات بالجودة الشاملة،** القاهرة، ايتراك للنشر والتوزيع.

64. أفندي، عطية حسين. (2003). **تمكين العاملين: مدخل للتحسين والتطوير المستمر** المنظمة العربية للتنمية الإدارية، القاهرة.

65. البستنجي، نبيل محمود. (2001). **اتجاهات المديرين نحو تطبيق مبادئ إدارة الجودة الشاملة في المؤسسات العامة في الأردن. دراسة** استطلاعية، رسالة ماجستير، الجامعة الأردنية.

66. العساف، حسين موسى. (2006). **التمكين الوظيفي لدى القيادات الأكاديمية في الجامعات الأردنية العامة وعلاقتها بالالتزام التنظيمي والاستقرار الوظيفي الطوعي لدى أعضاء هيئاتها التدريسية**. رسالة ماجستير غير منشورة، جامعة عمان العربية للدراسات العليا، عمان، الأردن.

67. ياغي، محمد. (2003)، **التدريب بين النظرية والتطبيق**، مركز أحمد ياسين الفني، عمان، الأردن.

68. ملحم، يحى سليم. (2006). **التمكين كمفهوم إداري معاصر**. المنظمة العربية للتنمية الإدارية، القاهرة، مصر.

69. ملحم، يحى سليم. (2006). **التمكين من وجهة نظر رؤساء الجامعات الحكومية في الأردن: دراسة كيفية تحليلية معمقة. مؤتمر الإبداع والتحول الإداري والاقتصادي**، جامعة اليرموك، الأردن.

70. جامعة القدس المفتوحة. (1996). **التفكير الإبداعي**، منشورات جامعة القدس المفتوحة، عمان.

71. جروان، فتحي عبد الرحمن. (2002). **الإبداع**، دار الكتاب الجامعي، العين.

72. جروان، فتحي عبد الرحمن. (1999). **الموهبة والتفوق والإبداع**، دار الفكر للطباعة والنشر والتوزيع.

73. بدران، إبراهيم. (1988). **ملاحظات حول الإبداع في الإدارة"**، محاظرات في برنامج تطوير الإدارة العليا المنعقد في معهد الإدارة العامة، عمان، الأردن.

74. أحمد، محي الدين. (1981). **القيم الخاصة لدى المبدعين**، دار المعارف، القاهرة.

75. أنيس، إبراهيم، ومنتصر، عبد الحليم، والصوالحي، عطية، وأحمد، محمد (2001) **المعجم الوسيط** (الطبعة الثانية). بيروت: مكتبة لبنان.

76. البستاني، المعلم بطرس. (1997). **محيط المحيط**. بيروت: مكتبة لبنان.

77. الكبيسي، صلاح الدين عواد كريم، (2002) "**إدارة المعرفة وأثرها في الإبداع التنظيمي**" أطروحة دكتوراه، (غير منشورة)، الجامعة المستنصرية، كلية الإدارة والاقتصاد.

78. المدهون، موسى والجزراوي، إبراهيم، (1995) "**تحليل السلوك التنظيمي: سيكولوجيا وإداريا للعاملين والجمهور**، ط1، المركز العربي للخدمات الطلابية، عمان.

79. المومني، حسان، (2005)، **اتجاهات المديرين نحو تطبيق إدارة المعرفة في المؤسسات العامة في الأردن**، رسالة ماجستير غير منشورة، كلية الدراسات العليا،جامعة آل البيت.

80. نجم عبود نجم، (2005) "**إدارة المعرفة - المفاهيم والاستراتيجيات والعمليات**، الطبعة الأولى، دار الورق للنشر والتوزيع، عمان، الأردن.

81. النوري، قيس، (1999) "**السلوك الإداري وخلفياته الاجتماعية**"، ط1، مؤسسة حمادة للخدمات والدراسات الجامعية، إربد.

82. الهوا ري، سيد، (2000) "**المدير الفعال للقرن ال21**، ط5، مكتبة عين الشمس، القاهرة.

83. ياغي، محمد عبد الفتاح، (1995)، **أنظمة النزاهة الوطنية**، ترجمة: محمد عبد اللطيف، الرابطة الهاشمية للتعاون الاقتصادي الدولي، برلين.

84. توفيق، جميل. (1997). **إدارة الأعمال: مدخل وظيفي**. الاسكندريه: دار الجامعات المصرية.

85. حجازي، مصطفى. (1982). **الاتصال الفعال في العلاقات الإنسانية والإدارة**. بيروت: المؤسسة الجامعية للنشر والتوزيع.

86. الخازندار، جمال الدين. (1995). الاستماع الفعال وتأثيره على الاتصالات التنظيمية، **مجلة الإداري**، 69، 169-206.

87. خلوف، إبراهيم. (1999). **مستوى فاعلية الاتصال الإداري في القطاع العام الأردني من وجهة نظر شاغلي الوظائف الإشرافية في الدوائر الحكومية في محافظة اربد**. رسالة ماجستير، جامعة اليرموك، اربد.

88. دره، عبد الباري. (1997). **العملية الادارية**. عمان: معهد الادارة العامة.

89. درويش، عبد الكريم، وتكلا، ليلى. (1980). **أصول الإدارة العامة**، القاهرة: مكتبة الانجلو المصرية.

90. الربابعة، إبراهيم. (1996). **نمط الاتصال الإداري لدى مديري المدارس الثانوية وأثره على علاقتهم مع المعلمين في محافظة عجلون**. رسالة ماجستير. جامعة اليرموك. اربد، الأردن.

91. رمضان، حسن. (2001). **الرقابة والاتصال الاداري والعلاقة بينهما لدى الإداريين في مديريات التربية والتعليم في محافظات**

شمال فلسطين من وجهة نظر العاملين فيها. رسالة ماجستير، جامعة النجاح الوطنية، نابلس.

92. السعود، راتب وبطاح، أحمد. (1993). اختيار مدير المدرسة الثانوية في الأردن. أسس مقترحة. **مجلة أبحاث اليرموك**، 9، 195-227.

93. السعيدي، محمد. (1998). **النمط القيادي السائد لدى مديري المدارس الثانوية في سلطنة عُمان كما يتصوره المعلمون العاملون معهم. رسالة** ماجستير. جامعة قابوس، عُمان.

94. سلامه، كايد. (1999). **تنمية المهارات القيادية.** ورقة عمل مقدمه في معهد الإدارة العامة، جامعة اليرموك. إربد.

95. صالح، حسين . (2001) . جودة التعليم والمدرسة الفاعلة. **رسالة المعلم** ، 4 ، 28 – 37 .

96. شهاب، موسى. (1989). **معوقات الاتصال التي تواجه مديري المدارس الثانوية في محافظة اربد, رسالة** ماجستير جامعة اليرموك. اربد، الأردن.

97. الطويل، هاني. (1986). **الإدارة التربوية والسلوك المنظمي، سلوك الأفراد والجماعات.**عمان: مطبعة كتابكم.

98. الطبيب، أحمد. (1999). **الإدارة التعليمية وأصولها وتطبيقاتها المعاصرة.** الاسكندريه: المكتب الجامعي الحديث.

99. عبد الباقي، صلاح الدين. (2002). **السلوك الفعال في المنظمات.**الاسكندريه: دار الجامعة الجديدة للنشر.

100. العرفي، عبد الـلـه، ومهدي، عباس. (1996). **مدخل الى الإدارة التربوية.** بنغازي: دار الكتب الوطنية.

101. عرفه، احمد، وشبلي، سمية. (2000). **إدارة وتحديات العولمة (مدخل دحر الفراغ الإداري)**. جامعة نيويورك. الولايات المتحدة الأمريكية.

102. عشوي، مصطفى. (1992). **أسس علم النفس الصناعي التنظيمي.** الجزائر: المؤسسة الوطنية للكتاب.

103. العميان، محمود. (2002). **السلوك التنظيمي في منظمات الأعمال.** عمان: دار وائل للنشر والتوزيع.

104. العناني، ختام. (2003). **بناء نموذج مقترح للاتصال الإداري في ضوء واقع الاتصال في وزارة التربية والتعليم في الأردن والاتجاهات العالمية الحديثة**، رسالة دكتوراه. جامعة عمان العربية. عمان، الأردن.

105. غيث، وليد.(1996). **أثر أنماط الاتصال الإداري لدى القيادات التربوية في مديريات التربية والتعليم على درجة فاعلية الممارسات الإدارية القيادات لمديري المدارس ومديراتها الثانوية الحكومية في محافظة عمان**، رسالة ماجستير. الجامعة الأردنية، عمان.

106. القرشي، عبد اللـه. (1994). **أنماط الاتصال الاداري لعمداء كليات المجتمع في الاردن واتجاهات الطلبة نحوها**. رسالة ماجستير، الجامعة الاردنية، عمان، الاردن.

107. قوي، بوحنيه. (2000). **الاتصالات الإدارية في الجهاز الحكومي الجزائري، دراسة استطلاعية**. رسالة ماجستير، الجامعة الأردنية، عمان.

108. المصري، أحمد. (2000). **الإدارة الحديثة-معلومات-قرارات.** القاهره: مؤسسة شباب الجامعة.

109. المومني، غازي. (1987). **أثر أنماط الاتصال الإداري مع الطلبة لدى مديري ومديرات المدارس الثانوية في الأردن على اتجاهات طلبتهم نحو المدرسة.** رسالة ماجستير غير منشورة. الجامعة الأردنية، عمان، الأردن.

110. نصرالله، عمر. (2001). **مبادئ الاتصال التربوي والإنساني.** عمان: دار وائل للنشر والتوزيع.

ب. المراجع الأجنبية:

1. Allee, V.,(1997), "12principles of Knowledge Management". Training & Development Journal (51).Issue (11)

2. Analoui, Farhad, (1997). "How Effective is Senior Management Development, Vol,16, No7, pp. 502-517.Audreg S.

3. Audrey S. Bollinger and Robert D. Smith, "Managing organizational Knowledge as a strategic asset" The Journal of Knowledge Management,Vol.5 No.1,2001, PP.8-18.

4. Bassic, L.J., "Harnessing the power of intellectual capital". Traning &Development,Vol,51No.12,1997, p.26.

5. Baldoni, J. (2002). Effective leadership Communication: Its More than talk, Harvard Management communication letter. **Retrieved April 15, 2000, from www.hbsp.harvard.edu/hmcl**

6. Basset, G . (1983). **Communication in management**. New York: American Management Asso.

7. Cummings, A, and Oldham, G, (1997). Enhancing Creativity: Managing Work Contexts for the High Potential Employee, **California Management Review**, Vol, 40, No 1.

8. Bennis, W. (2000). Leadership communication: **Selected Leadership Readings Retrieved May 17, 2004 from Http://www.nwlink.com / donc lark / leader/leadcom.html**

9. Clutterbuck, D. & Hirst, S . (2002). Leadership Communication: A Status Report . *Journal of Communication Management*, 6, 351-354.

10. Davis, K. (1981). Methods for studying informal Communication .**Journal of Communication,** 28,112-116 .

11. Glassman, L. & Margaret, E. (2002). The study of School climate, Principals communication style, principals, sex and school level, *Dissertation Abstracts International*(A) ,61,134.

12. Hutton, S. & Gougean, T. (1993). **Gender differences in leadership Communications.** Paper presented at the annual meeting of the University Council for Educational Administration . Houston : TX.

13. March, H & Simon, A. (1997). Stability & change in communication structre of school faculties. **Educational Administration Quararterly**, 3,

14. Robert, L. (2001). The relationship of the communication style of public school principals in west Virginia and their schools' climates to student achievement, **Dissertation Abstracts International.** (A), 61, 63-46.

15. Scout, I & Meshael, D. (1994). communication in the work place: The influence of communication style on cross-gender work Groups. **D.A.I.**- A 63/03, P .847.

16. Taboor, B. (2002). Conflict management interpersonal Communication style of the elementary principal .**Dissertation Abstracts International** (A) , 62 ,29-46

17. Torrington , D. & Laura , H. (1998). **Human Resource Management**. USA prentice hall .

18. Ulloa, H. & Julie. M. (2003). Leadership behaviors and communication satisfaction: Community colleges in Micronesia. **Dissertation Abstracts International** (A), 64, 11-63.

19. Wallace, M. (2002) . **Toastmasters International Communication and Leadership**, Law Library.

20. Wood, J. (1999). Establishing internal communication channels that work .**Journal of Higher Education Policy & Management** .21, ,135-150 .

21. Boisot, M, (1997) Information and organizations: the manager as anthropologist (London:

22. Bollinger and Robert D. Smith, (2001), "Managing organizational Knowledge as a strategic asset" The Journal of Knowledge Management, Vol. 5 No1, pp8-18.Bassie,L.J.

23. Brooking, A (1997), "The Management of intellectual capital" Journal of Long Range planning,Vol.30 No.3, P.364.

24. Blake. (1997) Harnessing the power of intellectual capital" Training &Development, Vol.51 No.12,,p, 26, p,"The Knowledge management expansion", Information Today,Vol.15 No.1,1998,p.13.

25. Chase R, (1997). "The Knowledge based organization: an international survey". He Journal of Knowledge Management.Vol.1 No.1,, p.17.

26. Chauvel D. and Despers C., (2002) A review & Survey Research in Knowledge Management Towards Healthcare Enterprise (6) pp 307-223.

27. Cheah Yu-N., Syed Site Raze Abide,(2003), Evaluating the Efficacy of Knowledge Management Towards Healthier Enterprise Modeling, School of Computer Sciences Universities Sains Malaysia penang, Malaysia.

28. Daft, Richard L., & Noe. Raymord A., (2001), "Organizational Behavior" Harcourt Inc. ,V.S.A.

29. Darling, M.S. (1996), Building the Knowledge Organization" ,Bo.61. Issue .2 .

30. De Long, David, (1997), Building the Knowledge Based Organization: How Culture Drives Knowledge Behaviors, (Boston: Ernst & Youngs center for Business innovation, May , pp. 93-95.

31. Dingsoyer, Torgier, (2002), Knowledge Management in Medium sized software Consulting compains , unpublished Doctoral Thesis Norwegian university of Science and Technology , Trondheim, Norway \paper\4.html.

32. Dowan Kwon, (2004),Knowledge Management for Turbulent Times:

33. Performance impacts of (IT) Valuation, ASAC, Quebec.

34. Drucker p., (1995). "The information executive truly need", Harvard Business Review, Jan-Feb., pp.55-61.

35. Drucker, p., (1999). "Knowledge-Worker productivity: The Biggest Challenge" Californai Management Review, V (41), N (2).

36. Duek, G., (2001), Views of Knowledge are Human Views, IBM Systems Journal, Vol.40, No.40, 885 – 888.

37. Duffy Jan, (2000), "Knowledge Management: what Every Information professional should know", 1MJ, july.

38. Edvardsson I. Runar, (2003), "knowledge Management and Creative HRM", Occasional paper 14, Department of Human Resource Management University of Strathclyde. Glasgow

39. Kathleen, Shearer, (2002), Understanding Knowledge Management and information Management: The Need for an Empirical perspective, information Research, 8 (1), available on http://information R.net/ir/8-1

40. Ganesh D.Bhatt, (2001), "Knowledge management in organizations: examining the interaction between technologies, techniques and people", The Journal of Knowledge Management, Vol. 5 No.1, pp. 68 – 75.

41. Glinow M.A.V. (2000), Organization Vehavior, Irwin McGraw-Hill, N.Y. gomolske B., (1997), "Users ough to share their know – how", Computer World, Vol.31 No. 46, P. 6.

42. Guralink, David, (1984), Webster's New World Dictionary, 3rd Ed, Clevland.

43. Guthrie J., (2000), "Intellectual capital review: measurement, reporting and management", Journal of Intellectual Capital, Vol.1 No. 1, P. 7.

44. Housel J., Bell A.H., (2002), Measuring and Managing Knowledge, McGraw-Hill/Irwin,.

45. Jakob Edler, (2003), "Knowledge Management in German Industry", German Pilot Study, Donor's Association of German Industry for the Advancement of Science, Germany.

46. Jennifer Rowley, (2000), "Forn Learning organization to knowledge entrepreneur", The Journal of Knowledge Management, Vol. 4 No. 1, , P. 11.

47. John, Ward and pat, Griffiths. (1999). Strategic Planning for information Systems, (2nd ed). Chicester. England, john willey & Sons.

48. Kirchoff B.A., (1977), "Organizational Effectiveness and Policy", Academy of Management Review, Vol. 2, No. 3, pp. 347 – 355.

49. Koenig Michael E.D. (1999). "Education for Knowledge Management". U.S.A, vol. 19, Issue. 1

50. Kotelnikov, V., (2003), "New Economy", (1000 Ventures, Com), p (1-3).

51. Kuhn, Peter (1998). "Leadership Skills and Wages," IZA Discussion Pagers 482, Institute for the Study of Labor (IZA).

52. Conger, J. & Kanungo, R. (1998). "The Empowerment Process:

   a. Integrating Theory & Praactice,"**Academy of Management**

   b. **Review**, Vol. 19, No.3, pp. 471-482.

53. Cole, G.A, (1996). **Management Theory & Practice**, 5th edm Aldine

54. Place, London . Ettorr, B, (1997). **The empowerment Gap Hype Vs Reality**, Brfocus, Vol: 26.p4.

55. Fox, J (1998) **Employee Empowerment An Apprenticeship Model**,

56. Barney School of Business University of Hartford.

57. Fragoso, H, (2000)"An Overview of Employee Empowerment:

    a. **Don`ts And Don`ts,**`` Presented at The Indiana University

    b. research Conferment, 1999, Site: http:// www.iusb

    c. edu/journal/2000/Fragoso.html.

58. Goetsch, D, & Stanley, D, (2000), **Quality Management: Introduction**

59. **total Quality Management for, Processing, & Services**, 13ed,

60. Prentice hall, New Jersey .

61. Karia, N,& Asaari, M. (2006) The Effects of Total Quality Management.

62. Practices on Employees` Work-Related Attitudes, **The TQM**

63. **Magazine**, Volume 18 Number 1, pp. 30-43.

64. Lawson T.; Harrison J. K. (1999). **Individual Action Planning in Intel**

65. **Teacher Training**: Empowerment or Discipline, British Journal f

66. Sociology of Education, Rout ledge, part of the Taylor & Francls

67. Group, Linemen 20, Number 1, 1 March, 1999, PP, 89-105(7).

68. Leontine, B, & Mol leman, E, (1996) Empowerment & Rewards: a Case

69. Study, **Empowerment in Organizations**, Volume: 4 Issue: 3

    Page: 30-33.

70. Madsen, J, Hipp, K . (1999) The Impact of Leadership Creating
Community In Public and Private School. International Journal of
Educational Reform. v8 N3p260-73.

71. Onne, J, (2004) The Barrier Effect of Conflict with Superiors in the
Relationship Between Employee Empowerment and Organizational
Commitment,. **Work and Stress**, Vol. (18) no 1). P. 1-10.

72. Osland, A, (1996) "Total Quality Management in Central America:
Acase

73. Study in Leadership and Data Based Dialogue". Gase Western

74. Reserve university, **Dis. Abst. Int.**, V . 55, N. 11.

75. Potterfield, A, (1999) **The Busieness of Employee Empowerment**, Westport, Cn: Quorum Books.

76. Robbins, P (1993) **Organizational Behavior: Concepts Controversies And Applicatications**, 6th Edition, Prentice-Hall Inc, Englewood, Cliffs, N,J.

77. Kumar, A. and Paves P.(2001), Management issues in a Global Executive information systems, Management and Data Systems. 101 (4). 153 – 164.

78. Labbha, Hassam & Analoui, Farhad, (1996), "Senior Managers Effectiveness: The case of steel industry in Iran", Juornal of management Development, Vol. 15, No 9, pp. 47 – 64

79. Lang, J.C., (2001), "Managerial concerns in knowledge management", the Journal Of Knowledge Management, Vol. 5 No. 1, pp.50-52

80. Laudon K.C. & laudon J.P., (2003), Essentials & Management Information Systems, Prentice Hall, Inc., Upper Saddle River, New Jersey.

81. Lee H. & Choi. B, (2003), Knowledge Management Enablers, Process and Organizational Performance: An Integrative View And Empirical Examination, Journal Of Management Information Systems, Vol. (20), No. (1), summer.

82. Lynch, R., (2000), "Corporate Strategy", 2nd ed., Prentice – Hall, Person Education Limited, London.

83. Malhotra Yogish, (2003), measuring knowledge assets of nation knowledge systems for development, New York City USA.

84. Malhotra, y. (1998), "Toward a knowledge ecology for organization white – waters", http://www.print.com/papers/ecology.htm.

85. Marinalini, N., & Nath, P., (2000), "Organizational Practices Forgerating Human Resources I Non – Corporate Research &

Technology Organization", Journal Of Intellectual Capital, V (1), N (2).

86. Martensson, Maria, (2000), "A critical review of knowledge management as a management tool", The Journal Of Knowledge Management, Vol. 4 No. 3, P. 205

87. Mayo, A., (1998), "Memory Bakers", People Management, Vol. 4 No. 2 , , P. 36.

88. McDermott, R., (1999), "Why information technology inspired but cannot deliver knowledge management", California Management Review, Vol. 41, , Pp. 103 – 117.

89. Mcshane S.L. and Glinow M.A.V. (2000), Organization Behavior, Irwin Mcgraw-Hill, N.Y.

90. Nonaka, I. and H. Takeuchi, (1995), the knowledge creating company: how Japanese companies create the dynamics of innovation, (new york: oxford university press), pp. 21 - 23

91. O'Brien J.A., (2002), Management Information System, Managing Information Technology in the E-Business Enterprise, McGraw-Hill/Irwin. N.Y.

92. Quinn, G.B., et.al., (1995), "Managing Professional Intellect: Making the most of the best", Harvard Business Review, March-April.

93. Rastogi, P.N. (2000), " Knowledge Management and Intellectual capital – The new virtuons Reality of competitiveness". HSM. 19.

94. Reiman .B.C. (1982), Dimension of structure in effective Organizations. Academy of Management Review P. 39 – 41.

95. Roos, R. et al., (1996), "Measuring your company's intellectual capital", Long Range Planning, Vol. 30 No. 3, 1997, PP. 413-414, 320No 2, , P4.

96. Sarvary, M., (1999), "knowledge management & competition in the consulting industry", California Management Review, V (14), N (2).

97. Schein, E., (1995) Organizational culture and leadership (San Francisco: Jossey – Bass, , P. 12

98. Snis, Ulrika. (2000), knowledge is Acknoeledged: A field study about people. Processes, Documents And Technologies. Available On http//www.computer.org/proceedings/hices/0493/04933/04933023.pdf-93k-view as html.

99. Spender, J. C., (1996) "Organizational knowledge, learning and memory: three concepts in search of a theory", Journal Of Organizational Change Management, Vol. 9 No. 1, , Pp. 70-73.

100. Stein, E. W. and V. Zwass, (1995), "actualizing organizational memory with information systems", information systems research, Vol. 6 No. 2, , Pp. 87-92.

101. Steven, M., Caill, A.C. Overman, E.S. and Kumpf, L. F (1994). Computerized information systems and productivity. International Fournal Of Public Administration. 1 (1).

102. Strategic Policy Branch Industry Canada, (1999), "Measuring & Reporting Intellectual Capital", September, http://strategic.Gc.Ca.

103. Tamme van der Wal, Wien, J.J.F., Otjens, A.J. (2003), The Application of Frameworks Increases The Efficiency of Knowledge Systems, Debrecen, Hungary.

104. Thompson, J.R. & Strickland III A., J., (2001), "Strategic Management: Comcepts & Cases", 12 ed., McGraw-Hill, Irwin, (USA).

105. Von krogh G. (1998). Care In Knowledge Creation, California Management Review, Vol. (40), No. (3), Spring

106. Wheelen, T.L., & Hunger, J.D., (2000), "Strategic Management & Busuiness Policy", 7th ed., Addison Wesley Longman, (USA)

107. Wick, G., (2000), " knowledge Management & Leadership Opportunities For Technical Communicators", Technical Communication, November, V (47), Issue (4).

108. Wig, K. M. (1997) "knowledge management: an introduction and perspective", The Journal of Knowledge Management, Vol. 1 No. 1 , September, pp. 7-9.

109. Wjck, corey (2000), "knowledge Mnanagement and Leadership opportunities for Technical communicators", Tc., November, Vol. 47, Issue. 4.

110. Zack M.H. (1998), Developing a Knowledge Strategy, CMR, Vol. (4), No. (3), Spring.